教育经济视角下的高等教育投资研究

石佳弋　著

中国原子能出版社

图书在版编目 (CIP) 数据

教育经济视角下的高等教育投资研究 / 石佳弋著.
-- 北京 : 中国原子能出版社 , 2021.3（2023.1重印）
ISBN 978-7-5221-1304-3

Ⅰ.①教… Ⅱ.①石… Ⅲ.①高等教育—教育投资—研究—中国 Ⅳ.① G649.2

中国版本图书馆 CIP 数据核字 (2021) 第 050258 号

教育经济视角下的高等教育投资研究

出版发行	中国原子能出版社 (北京市海淀区阜成路 43 号 100048)
责任编辑	杨晓宇
责任印刷	赵　明
印　　刷	河北宝昌佳彩印刷有限公司
经　　销	全国新华书店
开　　本	787 × 1092　1/16
印　　张	13
字　　数	204 千字
版　　次	2021 年 3 月第 1 版
印　　次	2023 年 1 月第 2 次印刷
标准书号	ISBN 978-7-5221-1304-3
定　　价	72.00 元

网址 :http//www.aep.com.cn　　　E-mail:atomep123@126.com
发行电话 :010 68452845　　　　版权所有　翻印必究

内容简介

《教育经济视角下的高等教育投资研究》是一本基于教育经济学视角系统研究高等教育投资的专著。本书将公共产品理论、公共财政理论、成本分担理论和外部性理论等作为理论依据，详细阐述了高等教育与经济发展之间的关系，并深入分析了高等教育投资政策及其有效性的内涵和外延。同时，本书还探讨了资源投入对投资效率的作用机理、投资效率对经济增长的作用机理及其外溢效应，并提出了相应的投资策略，旨在为提高我国高等教育投资有效性提供理论上的指导。

目　录

第一章　教育经济学的基本理论 1

　　第一节　人力资本理论 1

　　第二节　筛选理论 18

　　第三节　劳动力市场分割理论 32

第二章　高等教育的经济价值 38

　　第一节　高等教育的经济价值分析 38

　　第二节　高等教育的经济价值计量 44

　　第三节　高等教育收益率 50

第三章　高等教育与经济发展 53

　　第一节　教育投入促进经济发展的理论分析 53

　　第二节　高等教育与经济发展的关系 89

　　第三节　高等教育促进经济发展的路径 105

第四章　高校收入与支出 108

　　第一节　高校收入 108

　　第二节　高校资金筹措 113

　　第三节　高校支出与成本控制 116

第五章　高校教育经费资源配置优化研究 133

　　第一节　高校教育经费资源配置概述 133

　　第二节　高等教育经费资源配置优化的基本要求与原则 145

　　第三节　高校教育经费资源配置优化路径 149

第六章　基于劳动力市场分割视角下的家庭高等教育决策研究 157

　　第一节　高等教育与劳动力市场分割 157

第二节　家庭高等教育决策的主要影响因素 ……………………………182

第三节　劳动力市场分割视角下的家庭高等教育决策能力的提高
　　　　策略………………………………………………………196

参考文献…………………………………………………………………**201**

第一章　教育经济学的基本理论

第一节　人力资本理论

人力资本理论是教育经济学的核心。人力资本理论是关于人力资本概念界定、人力资本的形成和使用的理论。它有一套较为完整的理论体系和实证方法，很多经济学者对早期人力资本理论的形成和发展都作出过卓越的贡献。人力资本理论目前仍在不断发展之中。人力资本理论不仅对教育理论而且对教育政策制定都产生了非常重要的影响。

一、人力资本

（一）人力资本的概念

西方研究者一般认为，现代经济学的人力资本概念的产生明显受到马克思的资本概念的启发，所以这里就从介绍资本的一般概念入手介绍人力资本概念。

1. 资本

资本作为现代经济学的基本概念，源于马克思主义学说对资本主义生产过程的理论分析。在现代经济学中，"资本"这个词汇有两个主要含义：一个是马克思政治经济学对资本的定义，另一个则是会计学的资本定义。马克思政治经济学认为，资本是能够带来剩余价值的价值，资本不是物而是通过物体现的资本家对工人的剥削关系。从与人力资本概念的关联性而言，马克思的资本定义有两个突出的基本特征：第一，资本是投资于劳动者个人的资金，第二，资本能够自我增值。

虽然现代西方经济学很少使用马克思的资本概念进行相关经济分析和实际测

量，但马克思的资本概念的这两个基本特征，在现代人力资本概念中都可以找到实实在在的印迹。

2. 物质资本

现代西方经济学的资本概念的外延远远大于马克思上述资本概念的外延。他们把投资于生产资料等物质上的资金也称为资本。现代会计学的资本定义和西方经济学的资本定义相当，既包括马克思的所谓资本即后来现代经济学所宣称的人力资本，也包括物质资本。

物质资本是体现在物质产品上的资本，如厂房、机器、设备、原材料、燃料和半成品等。物质资本是和人力资本相对的经济学概念。因此，在现代西方经济学中，作为和物质资本比对而产生的人力资本概念又被称为"非物质资本"。

大部分西方经济学者尤其是马克思之前的经济学者都相对重视物质资本在社会物质资料生产和再生产中的作用而忽视人力资本的作用。

3. 人力资本

对人力资本内涵的认识因研究者关注的侧重点不同而有所不同。比如，有研究者认为，人力资本是体现在劳动者身上的资本，如劳动者的知识技能、文化技术水平与健康状况等。也有研究者认为，人力资本是人们对劳动者个体投资所获得的，能够增加个人未来收益，促进国民经济增长的知识与技能及其所表现出来的能力，是对人力资源开发进行投资而形成并积累的资本。它将潜在的生产力在生产劳动中与物质资本相结合转化为现实生产力而实现其价值。这里作为人力资本投资者的"人们"既包括劳动者个人也包括雇主和社会。

不同研究者对人力资本内涵的认识一般都包括三个方面：从人力资本的产生途径而言，它是对劳动者个体投资所获得并积累的资本；从人力资本的表现形式而言，它是体现在劳动者身上的知识、技术和能力尤其是生产能力；从人力资本的价值实现来看，它将潜在的生产能力在生产劳动中与物质资本相结合，从而增加个人收益完成价值实现并最终促进国民经济增长。

（二）人力资本的独特性

人力资本与物质资本一样，根本特征是能够带来价值增值。价值增值就是人力资本在再生产过程中能够生产出比原来价值更大的价值。但是，人力资本也有独特特征，这个特征只有在和物质资本相比较的过程中才能突显出来。和物质资本相比，人力资本与人的身体不可区分，活的肉体是人力资本的唯一载体，个体的生命存在方式就是人力资本的基本存在方式。这是人力资本与物质资本的最重要的区别，是导致人力资本和其他类型资本明显不同的根本原因。人力资本的许多特点均是由此派生出来的。

1. 具有生命周期性和可再生性

因为人力资本的载体是有生命周期的个人，所以人力资本的形成与使用就具有了严格的时间性。虽然物质资本的投资使用也有一定的时间性，但是人力资本的时间性更严格。人的年龄及其生命状态的变化都会对人力资本具有决定性影响。这种影响表现在以下四个方面：其一，人力资本投资周期更长；其二，个体投资时间集中，主要在青少年期，时间的边际成本和边际收益都很大；其三，个人所能拥有的人力资本相当有限，这种有限性主要是来自个人体力、精力和生命长度等自然条件的约束；其四，在生命周期内，个体的人力资本存量可以通过再生补偿折旧，从而保持或提高资本功能。

2. 人力资本具有主体性和意志性

既然人力资本的载体是有生命的个体，那么个人在人力资本的形成和使用中就具有能动性。也就是说，人力资本的形成与效能的发挥受其所有者主观意志的控制或影响。比如，在升学选择时，高考分数和其他条件都相似的考生所选择的高校和专业可能存在明显差异。这就体现了个体主观意志对人力资本投资的影响。

3. 人力资本是个体性和社会性的统一

人力资本的物质载体是人本身，而人生存于特定的社会环境中，因而人力资本的变化，除受各种经济条件和人生理条件的明显约束外，还要受特定生产关系和社会制度、文化习俗、宗教信仰等因素的制约，使人力资本具有鲜明的社会属性。比如，几十年来，英语专业在我国属于热门专业，但是，英语专业在美国却是就业比较困难的专业。

（三）人力资本形成的途径

人力资本主要是通过人力投资形成的。

现代社会里，人力投资主要包括：用于卫生保健的支出、用于教育的支出、用于劳动力国内流动的支出和用于劳动力国际流动的支出。其中，教育支出是最主要的形式。

用于卫生保健的支出包括医疗、保健、营养以及体育锻炼等费用，卫生保健支出形成健康资本。它是其他人力资本形成、积累和发挥效能的先决条件和基本保证。

用于教育的支出指个人和社会为获得教育支付的费用。教育支出形成教育资本。这里的教育不仅包括正规学校教育，也包括在职培训和各种各样的继续教育等。但是，各级各类学校教育是最主要的形式。教育支出和教育资本是人力资本理论研究的核心。

用于劳动力国内流动的支出是指劳动者为了获得更好的劳动报酬而从一个地方流动到另一个地方所需要的各种费用。劳动力国内流动支出实质上是资源配置资本。

用于劳动力国际流动的支出是指劳动者为了获得更好的劳动报酬而从一个国家或地区流动到另一个国家或地区所需要的各种费用。对于西方国家的劳动者尤其是高学历劳动者而言，国际流动非常容易，因而非常普遍。劳动力国际流动支出实质上也是资源配置资本。也有研究者把劳动力国内流动支出和国际流动支出合二为一，统称为劳动力流动支出。

（四）人力资本存量及其测量

人力资本既然是一种资本就存在着数量大小和衡量的问题，这就是人力资本的存量及其测量。人力资本存量的测量有点类似于物质资本，但是比物质资本要复杂得多，而且时至今日也不能说测量方法已经尽善尽美。

物质资本存量的测量分为粗略测量和精细测量。粗略测量使用物质资本的物质形态来表示。物质资本具有各种具体形态，如工具、机器或厂房；物质形态有具体的数量单位，如五件工具、三台机器或两座厂房等。这样我们就可以说，比如 A 企业有 10 间厂房和 20 台机器，B 企业有 2 间厂房和 10 台机器等。但是我们不能就此认为 A 企业比 B 企业的物质资本存量要丰富，因为有可能 B 企业的厂房和机器的单位价格比 A 企业要高很多。所以如果进行合理比较，首先必须进行详细测量，详细测量就是把这些不同物质资本形态均转换为同一的货币价值尺度。

理论上，人力资本也应该可以采取这种思维进行衡量。不同形式的人力资本也具有各自不同的数量标准和计量单位。例如教育资本，个人的教育资本可以用一个人所接受或最终完成的教育等级来衡量，如小学、初中、高中、大学和研究生等；就一个人口群体或社会而言，其拥有的教育资本存量可以用文盲率、各级学校的入学率、完成各级教育水平的人口占该人口群体的比重和平均受教育年限等指标来衡量。再如健康资本，个人健康资本存量的衡量指标可以包括：身体发育状况、营养状况、无病时间或患病时间等；一个人口群体或社会的健康资本存量可以用死亡率、发病率、平均期望寿命等指标来衡量。

但是，上述各类人力资本存量的指标存在着一些缺陷，最主要的问题是无法反映出一个个体、人口群体或社会所具有的人力资本总体存量水平。为了解决这个问题，也必须把人力资本的存量转换成货币单位，即用人力资本的货币价值来反映人力资本的存量水平。由于人力资本的投资和使用的价值不是在同一时间内发生的，因此必须进行价值折现后才能相加。具体折算方法请参考后面相关章节的分析。

利用这种计算方法得出的人力资本价值仍具有很大的相对性。第一，它只是人力资本市场价值的现时体现，仍然不能准确地反映出人力资本的内在价值。第二，同年龄同等技术水平的人在不同的国家或同一国家的不同地区，其收入水平可能会存在很大差别。不同国家或地区的利率也可能不同，其投资成本也会因此而出现差别。因此，这样计算出来的同等存量水平的人力资本价值会有很大的差别，即使他们生产出来的产品数量和质量完全相同。一个人如果从低收入国家和地区迁入到高收入国家或地区，在其人力资本存量并没有实质性增长的情况下，即使考虑迁移成本之后，其人力资本的货币价值也很可能出现大幅度的增长。但是，就一个国家或地区而言，该方法仍不失为衡量人力资本存量的有效方法。

二、人力资本理论的内容和方法

人力资本理论是西方经济学关于人力资本的形成、作用和收益的理论。它包括人力资本概念界定、人力资本形成和人力资本使用三个方面，核心在于人力资本的形成和使用。

（一）人力资本理论的基本内容

如前所述，人力资本形成的途径有很多种，其中教育尤其是学校教育是主要途径。同时，人力资本的物质表现形态即实物形态体现为人的能力尤其是生产能力。那么，作为人力资本理论主要内容的人力资本的形成和使用的研究其实关注的核心就是两个：学校教育和受教育个人能力形成之间的关系；个人能力在劳动力市场上的价值实现即能力和个人劳动收入之间的关系，也就是说高能力者是否能够在劳动力市场获得较高的个人收入。

迄今为止，持人力资本观点的研究者众多，理论的细小部分也不尽一致，不过，众多人力资本理论者在下述两个基本认识上却保持了高度的一致：第一，学校教育能够提高个人生产能力；第二，具有较高生产能力的个体可以在劳动力市场上获得较高的个人劳动收入即工资。

（二）人力资本理论的实证方法

在西方社会科学的传统中，理论之所以成为理论不在于构成理论的假设或假设体系看起来多么完美和动人，而在于这些假设是否得到了来自于社会实践的系统数据的有力支持。采集相关数据，使用较为科学的统计方法对理论假设进行检验就是理论的实证过程。一旦假设得到数据支撑，就可以认为在现有条件下应该承认假设的合理性，这时候，假设也就暂时成为能够被普遍接受的理论。在人力资本理论建立初期，很多学者也都通过各种努力对上述假设进行过定程度的实证检验。

这种实证检验在理论建立之初主要是采取简化法进行的。所谓简化法就是研究者并没有真正检验"教育→能力""能力→收入""教育→能力→收入"三组社会现象之间的复杂因果关系，而只是简单地分析了教育与收入之间的关系。从微观角度而言，研究者寻找了劳动力市场上教育水平和工资水平之间的相关关系。简化法的检验结果表明，在劳动力市场上，教育水平和工资水平之间确实存在着明显的正相关，即随着学校教育水平增加，其工资收入也明显增加。从宏观角度而言，研究者研究了对劳动者的学校教育投资和国民经济尤其是国民收入之间的关系，发现学校教育投资的增加对国民收入贡献明显。相对而言，微观层面的实证方法更为成熟，因而理论影响较大。于是，人力资本理论者就断定上述两个假设符合实际情况即成为客观规律。

这种实证检验方法不仅在数据收集方法等技术层面，即使在反映研究基本逻辑的研究设计等基本层面也有很多明显缺陷，成为其后理论反对者攻击人力资本理论合理性的把柄。之后，人力资本理论在理论科学性上的发展主要就体现在如何完善检验方法上。但是，时至今日，也没有开发出为大多数研究者所信服的更好的理论检验方法来。

（三）研究者对人力资本理论的批判

从人力资本理论产生至今的半个多世纪以来，反对者对人力资本理论的批判很多，但是最致命的批判却是由上述人力资本理论检验方法的不完善引发的。

首先，学校教育水平和工资水平的正相关性未必是由教育提高了受教育者个体生产能力引起的结果，而有可能是学校教育文凭作为个人能力的筛选工具引发的结果。筛选理论如是说。

其次，学校教育水平和工资水平的正相关性不是以能力为中介而是以个性特征或身份文化等个人的社会阶层属性的产物为中介。由于个性特征或身份文化和受教育者的家庭背景等社会阶层指标密切相关，结果是家庭背景所象征的社会阶层决定了劳动力市场上不同学历者的工资收入。社会化理论如是说。

再次，学校教育水平和工资水平的正相关性是因为学校教育文凭让不同的受教育者进入了收入水平不同的劳动力市场之中。劳动力市场的分割及不同劳动力市场的不同本质特征才是决定劳动者工资差异的基础。劳动力市场分割理论如是说。

最后，对能力本身客观性的追问。能力的形成和使用是人力资本理论的核心，在人力资本理论中，能力是归属于个体的不证自明的客观存在。如果能力是社会规定的和随外界条件变化而变化的，而非个人所有和不随外界变化的，那么，学校教育提高个人能力和个人能力决定工资的人力资本理论假设就会不攻自破。能力社会构成理论如是说。

另外，还有很多理论提出和人力资本理论不同的观点。比如，高能力者未必在工作时全心全意投入工作，因而潜在的高能力者未必是实际的高生产能力劳动者。同时，高产出者未必会得到和工作成绩相应的工资报酬。管理学理论如是说。

许多年来，很多人力资本理论家也对这些反对派理论的诘问，依据有关数据进行了比较科学的回答。但是，目前为止，尚不能断定哪一方在理论的科学性上具有压倒性优势。有可能是某一种理论只说明了"教育→能力→收入"之间复杂关系的某一侧面，或者只在历史的某一时期或者只在某一文化和地理的空间里具有有效性。不管怎么说，人力资本理论支持者和反对者的理论攻防成为半个多世纪以来教育经济学理论发展的原动力。

（四）人力资本理论的进一步发展

20世纪五六十年代是人力资本理论的形成和确立时期，人力资本理论的确立也标志着教育经济学作为一门学科的成熟。其后人力资本理论在与各个理论流派的不断论争中进一步深化与完善。到今天为止，以人力资本理论为核心的西方教育经济学大致经历了以下几个发展时期：一是确立时期（20世纪60年代），二是反思时期（20世纪70年代），三是多样化时期（20世纪80年代），四是人力资本理论的复兴时期（20世纪90年代以后）。人力资本理论在每一个时期所处的学术地位和影响稍有不同。

人力资本理论的进一步深化发展主要体现在研究领域的拓展上，具体包括如下几个方面：一是对人力资本投资问题的深入研究，主要包括：投资形式与途径、人力资本投资收益函数模型和人力资本投资收益问题的经验实证分析。二是对人力资本投资与经济增长关系的深入研究，主要包括人力资本投资对经济增长的作用机制和人力资本与经济增长关系的国际比较。三是对人力资本与个人收入分配关系的深入研究。四是对教育和高新技术发展的研究。五是对教育的规模经济和范围经济的研究。六是对教育成本和财政的研究。其中的第四至六点的发展主要体现在高等教育相关的领域里。

三、人力资本理论的代表人物

半个多世纪以来，人力资本理论研究者众多。影响较大的有西奥多·威廉·舒尔茨、雅各布·明塞尔、加里·斯坦利·贝克尔、爱德华·丹尼森、马克·布劳格和萨卡罗普洛斯等人。虽然不同研究者的理论侧重点不同，也未必完全一致，但在有关人力资本的基本观点上却保持着高度一致。本节介绍对人力资本理论贡献较大的早期三位研究者，分别是：西奥多·舒尔茨、雅各布·明塞尔和加里·贝克尔。

（一）舒尔茨对人力资本的开拓性研究

西奥多·舒尔茨（1902—1998）是现代人力资本理论的开创者。1902年出生于美国南达科他州阿灵顿一个小农场主家庭。1928年在南达科他州理学院获理学学士学位，同年在威斯康星大学获理学硕士学位，1930年获该校哲学博士学位。毕业后任教于衣阿华州立大学经济和社会系，后任系主任。1943年任教于芝加哥大学经济和社会系，并任系主任。1960年任美国经济学会会长。1972年退休后又被聘任为芝加哥大学名誉教授。1979年他由于在经济发展研究领域中所作出的贡献，特别是对发展中国家的经济问题所作的首创性研究而与刘易斯一起获得诺贝尔经济学奖。

西奥多·舒尔茨的学术思想涉及三个部分：农业经济、人力资本和经济发展理论，三个方面互相之间密切联系。农业经济始终是他研究的重要领域，也是他能够提出人力资本理论的基础，而人力资本理论的形成使他能够对农业问题研究多有创新。农业问题和人力资本理论研究成为他对发展经济学进行深入研究的基础。

西奥多·舒尔茨对人力资本理论的确立有不可磨灭的贡献。古典经济学家亚当·斯密在他的研究论述中，曾将资本分为固定资本和流动资本。其中固定资本包括社会上一切人们学到的有用才能，可见早在斯密的资本理论中就含有人力资本的成分，但是对人力资本理论还没有进行系统的论述。直到1960年，西奥多·舒尔茨在美国经济学年会上发表了《人力资本投资》的演讲，不仅明确提出了人力资本的概念，而且论述了人力资本的性质、人力资本投资内容与途径、人力资本在经济增长中的关键作用等人力资本理论的基本原理和政策意义，进而引发了其他研究者对人力资本理论的研究热情。

值得提出的是，在舒尔茨提出以人力资本投资来解释经济增长问题之后，在这个领域中进行着更为具体的实证分析的代表人物是美国经济学家爱德华·丹尼森和西蒙·库兹涅茨，其中西蒙·库兹涅茨的突出贡献还使他获得了1971年的诺贝尔经济学奖。

舒尔茨一生著作众多，撰写了20多本专著和200多篇论文。20世纪50至70年代所撰写的被称为现代人力资本理论基础的一些重要著作如下：《关于农业生产、产出与供给的思考》（1958）、《对人的投资——一个经济学家的观点》（1959）、《由教育形成的资本》（1960）、《教育与经济增长》（1961）、《人力资本投资》（1961）、《对人投资的思考》（1962）、《教育的经济价值》（1963）、《改革传统农业》（1964）、《人力资本投资：教育和研究的作用》（1971）、《人力资源》（1972）、《高等教育最佳投资：公平与效率》（1972）、《处理不平衡能力的价值》（1975）。

（二）明塞尔对人力资本理论的独到贡献

雅各布·明塞尔（1922—2006）是美国当代著名经济学家，人力资本理论的创始人之一，也是劳动经济学的创始人之一。他出生于波兰的托马舒夫，是犹太人，1950年毕业于美国艾默里（Emory）的私立大学，1957年毕业于哥伦比亚大学并获得博士学位。在短暂任教于赫伯鲁大学的纽约城市学院、斯德哥尔摩经济学院和芝加哥大学之后，他开始任教于哥伦比亚大学，直至1991年退休。明塞尔虽然没有获得过诺贝尔经济学奖，但是一直被认为是美国最伟大的经济学家之一，他的学术思想对加里·贝克尔的影响很大。

明塞尔从写博士论文开始，多年来一直从事人力资本的经济理论研究。他研究的范围集中在人力资本与劳动市场的效应上。明塞尔对人力资本理论的主要贡献体现在以下几个方面：第一，明塞尔通过他的人力资本投资收益模型，更清楚地表达了人力资本投资收益率的经济含义，即人力资本投资中不仅包括亚当·斯密所说的补偿费用，而且包括时间和机会成本。第二，明塞尔较早地提出了人力资本收入函数。收入函数是对收入剖面的一种数学和经济计量学的表述，收入剖面刻画的是随着年龄增长年收入移动的轨迹。收入函数可以较好地分离学校教育与结束学校教育后在职培训等人力资本投资的收益，而且揭示了年龄在收入剖面中的作用。第三，明塞尔运用人力资本理论和方法，研究了劳动供给问题，促进了劳动经济学的发展。

明塞尔的主要著作如下：《学校教育、经验和收入》（1974）、《劳动供给研究》（1993）、《人力资本研究》（1993）。

（三）贝克尔是人力资本理论的集大成者

加里·贝克尔（1930—2014）是美国著名的经济学家，人力资本理论的创始人之一。出生于宾夕法尼亚州的波茨维尔。早年就读于美国普林斯顿大学经济系，于1951年获学士学位。后在芝加哥大学攻读经济学研究生，于1955年获经济学博士学位。曾在哥伦比亚大学任教（1957—1968），并在美国国家经济研究所做过短期研究工作，后长期在芝加哥大学经济系任经济学教授，并任系主任，同时在芝加哥大学经济社会学系和商学院任教。1967年获得美国经济学会颁发的著名克拉克经济学奖。1992年获得诺贝尔经济学奖。贝克尔虽然不是最早研究人力资本理论的经济学家，但仍然与舒尔茨等人一起被公认为现代人力资本理论的创始人。2007年获得美国总统自由奖章。

贝克尔主张以微观经济学理论为基础，建立经济科学体系，把经济理论用来研究各式各样的人类行为，涉足于社会学、人口学、教育学和生物学等多个领域，并运用数学使经济学研究成果定量化，为当代经济学的科学化作出了不可磨灭的巨大贡献。

贝克尔对人力资本理论的突出贡献在于，在微观经济学理论基础上，使用定量数据对人力资本理论的验证分析和理论的体系化。虽然舒尔茨和明塞尔等人从各自的研究领域已经建构起人力资本理论的基本框架，并运用这一理论对经济发展原因和其他经济现象作出了更为合理的解释和说明，但是，对人力资本理论本身的理论基础和研究方法还缺乏深入的系统研究。贝克尔于1962年和1964年先后发表和出版了《人力资本投资：一种理论分析》和《人力资本：特别关于教育的理论与经验分析》。后者被人们视为现代人力资本理论最终确立的标志，至今已经再版多次。在该书中，贝克尔认为用于增加人力资源、影响未来货币收入和消费行为的投资为人力资本投资，包括正规学校教育、在职培训、医疗保健、迁移，以及收集价格和收入信息等形式。他从物质资本和人力资本投资活动的收益率都是相等的、人力资本的边际收入等于边际成本的观点出发，分析和探讨了人力资本形成、正规学校教育和在职培训的支出和收入、生涯收入曲线等问题，并进而论证了人力资本对经济增长和国民收入增长所起的作用，还提出了不同层次学校教育的内部收益率的计算方法。

贝克尔的主要学术著作如下：《歧视经济学》（1957）、《人力资本理论：特别关于教育的理论和实证分析》（1964）、《生育率的经济分析》（1973）、《对人类行为的经济分析》（1976）、《家庭论》（1991）、《口味的经济学分析》（1996）。

四、人力资本理论的历史地位

人力资本理论对经济学、教育学理论以及相关实践政策制定都有多方面的巨大影响。这里从人力资本理论的贡献、理论缺陷和产生的历史背景三个方面论述其历史地位。

（一）人力资本理论的贡献

人力资本理论对经济学和教育学发展的贡献是多方面的，所以有研究者认为，人力资本理论是第二次世界大战后，对世界各国影响最大的教育学理论之一。

1. 人力资本理论对经济学理论发展的贡献

人力资本理论对经济学理论发展的贡献是多方面的。

其一，人力资本理论发展和丰富了古典经济学的资本和劳动等基本的经济学概念，促进了包含人力资本在内的资本一般概念的形成和使用，创造了人力资本及人力资本投资等崭新的经济学概念。

其二，人力资本理论使经济学重新审视不同生产要素在经济增长中的地位和作用。人力资本理论认为，不可再生的自然资源以及可再生的实物资本在经济增长中产出贡献比例不同，可再生的人力资源在经济增长中的作用逐步上升。

其三，人力资本理论不仅解释了诸多的"经济现象之谜"，而且使经济学理论直接面对现实，探索经济增长的源泉和可持续发展的基础。

其四，人力资本理论打破了传统经济学理论对一些重要的经济学概念的割裂，提供了统一的分析框架。例如，在传统经济学中，生产与消费，工作与闲暇，家庭与工厂等都是割裂的甚至是对立的，而在人力资本理论分析架构中这些人类经济行为都具有内在同一性。

其五，人力资本理论为经济学研究提供了新的分析工具。一方面是促进了已有经济学理论研究的发展，如对劳动经济学、教育经济学、人口经济学以及发展经济学研究的促进作用；另一方面是推动经济学理论关注所谓的"非市场活动"，从而促进了新的经济学理论产生，例如，家庭经济学、歧视经济学、卫生经济学和人事管理经济学等。

2. 人力资本理论的实践意义

人力资本理论的实践意义主要体现在与人力资源开发尤其是学校教育有关的政策制定上，为政府、企业、家庭（个人）选择人力资本投资的形式、途径和时间提供了理论支持。

其一，人力资本理论促进了许多国家尤其是发展中国家把人力资源开发纳入国家经济发展规划或计划。人力资本理论政策促使各国政府重视学校教育制度的公共投资支出。人力资本理论促使政府在控制人口数量的同时提高人口质量，加强对公众的社会保障和医疗保健投入。人力资本理论促使政府通过扩大研究与开发投入有力地促进了科学技术的发展。

其二，人力资本理论还为世界各国政府的反贫困政策提供了理论基础和决策参考。人力资本理论揭示了个人教育水平、知识技术、能力与个人收入之间紧密的联系，为政府的个人收入调节和扶贫政策提供经济学依据。

其三，人力资本理论认识到物质资本与人力资本的高度互补性和人力资本积累的重要性。这个认识的变化使政府在制定经济决策时充分考虑知识和技术的作用，把人力资本作为必要条件，全面合理地配置经济资源。人力资本理论使企业认识到加强人力资本投资、开发和合理配置人力资源是提高企业经济效益的战略举措。人力资本理论的社会普及和影响扩大也让"教育就是投资"的理念深入人心，无形中提高了社会大众投身于各种教育的积极性。

（二）人力资本理论的主要缺陷

人力资本理论也有一些明确的缺陷，主要表现在两个方面：理论上存在偏差和所提倡的政策没有达到预期目标。

1. 人力资本理论的理论偏差

从理论基础而言，人力资本理论建立在新古典经济学的基础之上，因而未能充分认识到资本主义社会生产的本质，掩盖了工人受剥削的社会实质。其缺陷更表现在方法论上，实证检验的分析过于简单化，对影响个人收入的因素的复杂性及其关系分析不够。即使后来有所改进，至今也尚未至臻至善。

2.建立在人力资本理论上的诸多政策没有达到预期目的

其一，教育人力资本投资能够提高劳动生产率的理论假设没有得到充分的实践检验。根据人力资本理论，向劳动者提供知识和技能的教育和培训能够提高他们的劳动生产率，但人们根据实际教育发展水平和劳动生产率增长水平的比较，发现两者之间没有必然的联系，甚至随着教育水平的提高有时还出现生产率下降的意外状况。其二，教育机会的相对均等化尤其是高等教育的普及化并没有带来个人收入分配上的实质性平等。而这是建立在人力资本理论上的各国相关政策所期望的最大结果。其三，发达国家和发展中国家的差距并没有因为学校教育差距的缩小而缩小。而这是以人力资本理论为基础的对发展中国家经济支援的政策目标，也是发展中国家勒紧裤腰带投资学校教育的根本动机。这是 20 世纪 70 年代学术界出现反对人力资本理论的诸多理论的最根本原因。

当然，不能否认上述社会实践对人力资本理论的检验具有历史条件性即相对性和有限性。其一，人力资本价值的充分实现需要其他相应的客观条件，因此，在某一时间段内由于其他条件不具备，人力资本的价值没有实现也是完全有可能的；其二，人力资本的形成和价值实现是比较长期的过程，俗语"百年树人"和"前人栽树，后人乘凉"就生动地说明了这个道理。因此，仅仅数年间的实践数据是难以完全检验人力资本理论的，所以，人力资本理论还有待于更为长期和系统的实践数据的严格检验。

（三）人力资本理论产生的客观条件

任何理论的产生都不是偶然的，更不是由某些个别思想家静坐在象牙塔内主观想象出来的，归根结底是来自于人类的社会实践。只有当人类社会实践提出了任务和要求，并具备了解决这些任务和要求的客观条件时，一种新的理论才有可能出现。人力资本理论的产生也不例外。人力资本理论产生的客观历史条件可以从物质基础和文化传统两个角度分析。

1.人力资本理论产生的物质基础

学者一般认为人力资本产生的物质基础主要有以下三个方面。

（1）人力资本论的产生是第二次世界大战后社会生产力、科学技术和学校教育制度高度发展的结果

第二次世界大战后，世界政治和军事进入了一个相对平静的时期，世界范围内的经济生产力有了较快的发展。从20世纪50年代中期到70年代初期，世界主要发达国家进入了经济发展的黄金时代。无论是西欧还是北美或是日本，生产和经济都得到了迅速恢复和快速发展。同时，获得民族独立的发展中国家，也在积极探索经济发展的道路，并获得了相当的成功。

这一时期世界经济的迅速发展与战后开始的新科技革命有着密切关系。科学技术的发展及其在生产上的广泛应用，有力地提高了劳动生产率，进而推动了生产力的发展。科学技术的高度发展对劳动者文化程度的要求越来越高。因为随着科学技术的发展，新技术普及速度越来越快，只有掌握了科学技术知识，劳动者才能发挥最大效用。同时，在原本主要从事体力劳动的劳动者中间，非熟练劳动比重趋于下降。生产劳动逐步知识化和智力化。科学技术人员和各种管理人员在社会生产中具有越来越大的作用。

为了培养大批高质量的科学技术和管理人员，世界各国都非常重视完善学校教育制度。不少国家采取延长义务教育年限、普及中等教育和迅速发展高等教育的积极措施。学校教育的迅速发展使其在经济发展和经济增长中的战略地位日益提高，逐渐成为社会生产和经济发展的决定性因素。这是人力资本理论产生的物质前提。

（2）人力资本理论的产生是西方增长经济学和发展经济学的结果

现代西方经济学中的增长经济学和发展经济学是在第二次世界大战期间和战后先后发展起来的。这些学科的基本目标是寻找经济发展的根本原因所在。在寻找经济发展因素的过程中，经济学家发现了教育对经济增长的作用和途径，这为教育经济学尤其是探索教育和经济发展关系的研究提供了强大的学术动力。

增长经济学是西方研究发达资本主义国家再生产和长期发展的宏观经济学的分支学科。第二次世界大战后，实现经济增长成为世界发达国家维护资本主义制度的头等大事，为此，许多西方经济学家致力于研究经济增长理论。经济增长理论虽然理论流派众多，但是其主流尤其是丹尼森等人的增长经济学认为，教育对

生产发展、经济增长具有巨大作用。

发展经济学是西方经济学关于发展中国家经济和社会发展的理论。第二次世界大战以后，众多发展中国家面临如何促进经济快速发展的共同课题。在这种情况下，西方经济学开始对发展中国家的经济发展问题进行深入研究。至20世纪70年代，发展经济学已经成为一个重要的经济学分支学科。在发展经济学的形成过程中，人力资源的开发越来越受到理论研究者的重视。研究者普遍认为，决定一国经济发展的不只是经济资本和物质资源，还有人力资本。而发展中国家目前普遍存在着人口过多、人口增长过快以及素质太低的问题。为此，必须增加智力投资，而加强教育和训练是重要途径。发展经济学的理论对西方教育经济学的兴起和形成产生了巨大影响。

（3）计量经济学的进步和发展直接促进了人力资本理论的诞生

计量经济学是当代西方经济学的一个重要分支学科。它把经济理论用数学形式表示出来，运用数理统计方法，依据实际统计资料进行验证。随着统计学理论和计算机技术的发展，计量经济学的发展越来越快，这直接推动了人力资本理论的产生和发展。

经济学家在运用传统的计量经济增长方法计算国民经济增长额时，出现了剩余，也就是无法说明原因的部分。按照传统观点，经济生产的增长是土地、资本和劳动力三要素增长的结果。一些经济学家通过分析发现一段时期内土地的因素变化不大，因此，生产的增长应该主要是资本和人力因素变化引起的。资本变化带来的经济增长可以简单计算出来，但是人力数量的变化所引起的增长却仍不足以说明剩余的增长量。因此，经济学家认为国民收入增长的因素中还应该有劳动力质量提高的因素，而劳动力质量提高的主要因素之一就是学校教育的发展。因此教育发展就应该是影响国民收入增长的重要因素之一。而上述这些推理都可以通过现有统计资料的统计和计算加以实证检验。舒尔获和丹尼森的理论都是沿着这个逻辑建构的。

2. 人力资本理论产生的文化传统背景

对于人力资本理论产生的文化传统因素，目前研究者较少关注，其实这是理论研究的一个重要方面，因为没有任何一种较为深刻的社会思想的产生能够脱离其所处社会独有文化传统的长期熏陶。这里必须说明的是，虽然苏联等国也不乏对教育和经济关系的独创性研究和见解，但是建立在实证数据基础上的系统的人力资本理论却出现在英美尤其是第二次世界大战后的美国。从这个意义上可以说，人力资本理论是典型的英美传统文化的产物之一。人力资本理论作为有关人类个体的能力形成和使用的基本理论认识，是英美文化传统中对个人、个人劳动致富以及个人之间合理差异的理性认可的集中体现。

人力资本理论从哲学上而言，是主张个体能力实现的典型的英美价值观。这是英美文化传统中对个体赋予最崇高尊重的最直接体现。人力资本理论对个体价值的尊重体现在三个方面：其一，人力资本理论虽然也强调学校教育的社会收益，但是这种社会收益中的很大部分仅仅为个人收益的简单集合体；其二，个人利益是社会利益产生的最根本基础；其三，社会收益在理论表述和研究方法上都以个体为单位。人力资本理论的这些观点都和英美文化中关于个人与社会关系的哲学认识基本一致。

人力资本理论是对个人追求社会成功的理论认可。在西方社会中，社会成功首先是社会财富的获得，人力资本理论对教育→能力→收入之间关系的简明分析正是这种社会观念的学术体现。当然，社会财富的获得必须合法。人力资本对社会财富的合法获得体现为：通过个人劳动获得、在劳动中依靠个人能力获得和通过长期的个人劳动获得。这与马克斯·韦伯在《新教伦理与资本主义精神》一书中所分析的现代资本主义产生与发展的文化根源基本一致。

人力资本理论是对合理个人差异的理论认可。这体现了对社会均等的另一种学术理解。所谓社会差异的合理与不合理主要体现在四个方面：差异的程度、手段、时间和可变。其一，人力资本所描述的这种社会差异是雇佣劳动者的工资差异，学校教育毕业者的雇用工资的差异在最穷和最富之间不会太大，也就是说仅仅是一种程度较小的社会差异；其二，这种差异是通过长期学校教育形成的个人能力的发挥而获得的合法和合理收入产生的，而不是通过接受遗产或其他社会所不认可的手段如偷盗而致富造成的；其三，这种社会差异的实现是一个长期过程，而不是让大众心理上难以接受的一夜暴富；其四，这种社会差异具有可变性。任何人不管家庭背景和个人智力因素如何，只要通过自己的努力，接受相应的学校教育，就有可能出人头地。绝对平等不是真正的社会均等，反而有害于社会平等和社会发展。合理的社会差异才是真正的社会均等，是社会发展的基本动力。

第二节　筛选理论

在现代西方教育经济学的诸理论中，从其对教育理论界和实际教育政策制定的影响而言，唯一能够和人力资本理论比肩而论的就是筛选理论了。

一、筛选理论的基本观点

筛选理论的出现就是源于对人力资本理论的挑战。筛选理论从根本上反对人力资本理论提出的教育能够提高个人能力即劳动生产率的基本观点，与此相反，认为教育文凭仅仅具有某种能力信号的功能。在理论发展过程中，筛选理论逐渐形成了支撑理论体系的四个理论假设和存在一些细小差别的三大理论流派。同时，对学校教育文凭筛选功能的认识也产生了强弱程度上的分化，有了强筛选理论和弱筛选理论之分。

（一）四个理论

假设筛选理论在其整个理论体系形成与发展过程中提出了四种基本的理论假设，至今影响深远。这四种理论假说正是建立在筛选理论研究者对人力资本理论所提出的教育与个体劳动生产力边际生产力与工资之间关系的质疑基础之上的。这四种基本的理论假设具体如下。

1. 学校教育对个体劳动者的生产能力没有影响

个体劳动者的劳动生产能力是个人的内在能力。劳动者的生产能力确实因人而异，但是，个体生产能力的差异不是学校教育的结果而与个人所具有的不同特质有关，也就是说，个人能力并不因个体接受学校教育的多少而提高或者下降。既然学校教育不能提高个体生产能力，那么个体为什么还要积极投资学校教育？个人投资教育只是为了适应劳动力市场的雇佣需要，在社会总产出中获得高份额的个人收益。筛选理论的这个理论假设对人力资本理论的基本假设之一即教育能够提高个体生产能力，提出了最根本的挑战。这在当时非常新颖，具有理论革命性，是它与人力资本理论分歧最大的地方。

如果把二者的理论假设图示化，就更能清晰地看出其分歧所在：人力资本理论坚持"学校教育→劳动生产率（能力）→工资"，认为提高受学校教育程度就会提高一个人的劳动生产率，从而得到较高的工资；而筛选理论的观点则是"学校教育→筛选（文凭）→工资"，认为学校教育只是作为一种反映个人能力的信号，不具有改变个人生产能力的功能，它本质上是下述劳动力市场"不完全信息"条件下的能力"信号"。因而学校教育对社会经济增长的作用源于它所起的筛选作用，而不是个体能力提高的作用。

但是，学校教育是否能够提高劳动者的个体生产能力无法得到直接而有力的实证检验，所以直至今日，这仍然是一场尚未明显分出胜负的学术官司。

2. 个体劳动者生产能力与自身投资学校教育的成本呈负相关

学校教育虽然不能够提高劳动者个体的生产能力即与劳动者的个体生产能力没有因果关系，但是却和劳动者个体生产能力具有明显的正相关关系。

斯蒂格里茨（J.E.Stiglitz）认为，同一阶段学校教育投资的客观成本相同，在教育成本相同和合理工资结构的条件下，对于高生产能力劳动者而言，个人投资教育的收益会大于成本，因此会作出投资更多教育的理性选择。对于低生产能力的个体而言，由于其要付出的个人成本更高，教育对他们来说具有很少或不具有价值，自然会理性地选择不接受高等教育。这样，教育程度就可以有效区分高生产能力劳动者和低生产能力劳动者，即教育程度高的求职者较教育程度低的求职者劳动生产能力更高。

3. 劳动力市场中雇佣双方存在着信息不对称

虽然学校教育文凭和劳动者个体生产能力之间具有正相关关系，但是这并不能保证它就能成为雇主确认劳动者个体生产能力的信号工具。学校教育文凭能够成为能力的信号机制还和劳动力市场上关于能力的信息特征密切相关。

如果雇主对于求职者的各方面尤其是能力信息了解较多，那么就不必看重求职者的教育水平。因为雇主主要想雇到劳动生产能力高的雇员，而不是教育程度高的雇员。这时候学校教育文凭发送能力信号的功能就失效了。但是，从对劳动力市场中的真实雇佣行为和过程的考察研究结果来看，不管一个社会的劳动力市场多么完善，劳动力雇佣过程中由于各种条件的限制，经常存在着有关信息尤其是求职者能力信息的不完全和不对称。即求职者能够清楚认识到自身的劳动生产能力，但雇主或公司却不能马上把握求职者的劳动生产能力。当潜在的雇主在对求职者能力知之甚少的情况下，雇主必须寻找可靠的求职者的劳动生产能力的代替指标。当然，学校教育文凭只是这众多的可能代替指标之一。

4.学校教育是最好的能力信号机制

虽然求职者劳动生产能力的代替指标不少，但是，对雇主而言，在所有的代替指标中，学校教育程度是最好的能力信号机制或者说代替指标。"最好"包含三方面的含义：精确性、效率性和公平性。精确性指对能力反映比较准确，效率性指使用具有无成本性，公平性指使用学校文凭进行人才选拔符合现代社会认可的公平思想。这主要有以下三方面的原因。

首先，如上所述，学校教育确实和能力具有正的统计相关性。在长期的雇佣实践中，每一个雇主都会发现，学校教育水平确实和能力具有显著的统计学上的正相关性，即对大部分雇员而言，学校教育水平越高，工作能力也就越高。虽然这实际上未必是因果关系的表现即说明工作能力是学校教育的结果。当然，由于与个体生产能力具有高度正相关的个人特征很多，仅仅这一点并不能保证学校教育文凭成为雇主愿意使用的能力信号。

其次，教育作为个体生产能力的信号，其信号发送与考察具有无成本性。教育信号在发送过程中，求职者的受教育状况可以通过文凭证书被雇主免费观察到，无需通过举办各种考试与测试再次检验，这就意味着教育信号的发送成本与考察成本几乎为零或者很低。与此相比，如果雇主通过考试或测验考察应聘者能力，不仅实施费用大到接近不可能而且结果并不可靠。当然，由于与个体生产能力具有高度正相关且考察具有无成本性的个人特征很多，仅仅这一点也不能保证学校教育文凭成为雇主使用的能力信号。

最后，学校教育文凭作为信号机制具有形式上的公平性。除学校教育水平之外，还有一些个人特征可以作为能力的代替指标，如性别、种族、家庭背景、婚姻状况和个人经历等。其中，有些指标是天生且不能改变的，如性别、种族、家庭背景等就被称作"标识"，有些是后天获得且可以改变的如教育程度、婚姻状况、个人经历等就被称作"信号"，标识和信号之间有些时候具有很高的相关性。比如，性别、家庭背景和学校教育水平等之间密切相关，因此这些标识也可以被雇主作为个人工作能力的鉴别工具而在实际操作中使用。但是，如果主要使用性别和家庭背景就存在着社会歧视的嫌疑，为现代社会行为规范甚至相关法律所不允许。使用学校教育文凭作为选拔工具则没有这些嫌疑。

学校教育文凭上述三个特征的完备性使它成为现代社会里雇主最喜欢使用的鉴别个体劳动者能力高低的代替指标。

不过，学校教育文凭即使是最好的能力信号机制，也仅仅是和能力之间存在着高度的正相关，而不是等同物。这样，虽然是少数，现实中也会存在着低文凭高能力和高文凭低能力的个体。如果主要根据学校文凭选拔任用工作人员就会产生统计歧视现象，即部分低文凭高能力者被排除在选拔招聘范围之外，与此同时，部分高文凭低能力者滥竽充数，混迹于他所不能胜任的工作岗位上。这是社会痛恨和批评文凭主义的原因之一。不过，如果再进一步深入思考，也许完全不是这么一回事。首先，在围绕学校教育制度的市场机制比较完善的情况下，学校教育文凭应该基本和个体能力保持一致。其次，在市场调控占主导地位的高等教育毕业生劳动力市场上，不是所有的具有高等学校教育文凭的人都会被如愿选拔和聘任，也就是说，部分相对能力较高的劳动者个体被劳动力市场所抛弃也是正常的。所以，人人痛恨的高能低用和低能高用的社会现象并不是学校教育文凭惹的祸。

（二）三大理论流派

我国学者把这个理论流派称为筛选理论是采取了意译，实际上该理论流派是色彩纷呈的多种观点近似的理论体系的混合体。这些近似理论主要包括三种：第一，"扫描"理论，最初于 1975 年由斯蒂格里茨提出；第二"信号"理论，最初于 1973 年由迈克尔·斯彭斯提出；第三，"过滤"理论，最初于 1973 年由约瑟夫·阿罗提出。其中和中文"筛选"一词意义最相近的是"过滤"一词，而最常用来指代整个理论流派的则是"信号"一词。斯彭斯和斯蒂格里茨在 2001 年，与经济学家乔治·阿克尔洛夫一起，因为对非对称信息理论研究的贡献而获得诺贝尔经济学奖。

高校毕业生的就业过程实质就是一个根据应聘者个人能力的社会筛选或选拔

的过程。该过程能否顺利进行即大学毕业生能否顺利就业涉及求职者、雇用者和二者互动的筛选机制三部分。上述三种理论都侧重教育文凭在就业活动过程中的三个不同侧面的功能发挥。

1. 扫描理论

扫描理论侧重于高等教育毕业文凭对雇主的重要意义，重点论述招聘过程中雇主如何利用高等教育文凭作为识别和区分求职者能力的信号和选拔工具，从而招聘到具有较高生产能力的劳动者。

2. 信号理论

信号理论侧重于高等教育文凭对求职者的重要意义。虽然是重在论述高等教育文凭对求职者的重要意义，但是分析的起点仍然是雇用者利用高校文凭对求职者的筛选这一客观现实。

由于雇用者在招聘过程中对高等教育毕业文凭的重视，作为应对即适应性反应，求职者就尽可能追求更高的学校教育文凭。求职者的个体行为汇集为社会行为就成为社会的文凭主义认识或者大众心理，反映在众多家长身上就是对子女教育从儿时起的高度重视。个人和社会对学校文凭的高度重视最终会在很短的时间内促使社会成为高学历社会。

信号理论如果完全反映客观现实，那么就很容易让人进一步推导出高等教育总有一天会陷入过度教育危险的逻辑结论。当然，当前社会是否存在过度高等教育的危险还需要系统的调查数据来证实。仅凭现有的一些数据来看，似乎并没有理论家想象的那么严重。

3. 过滤理论

过滤理论侧重论述在劳动力市场上发挥连接劳动力供求之间中介的学校教育制度的信号功能及其形成过程。雇用者和求职者都看重学校教育的能力信号功能，那么学校教育是如何形成能力信号的呢？

（三）两种理论版本

随着筛选理论的发展，研究者逐渐认识到在不同条件下，高等教育文凭的筛选功能有可能不同。高等教育的筛选功能存在着强弱之分，这是萨卡洛普洛斯和布劳格两位学者提出的。但是两位学者对此的认识也不尽一致，前者认为学校教育的弱筛选功能可能存在，却反对强筛选功能的存在；而后者却认为弱筛选和强筛选都有存在的可能性，并解释了原因。

1. 弱筛选理论

弱筛选是指高等教育文凭不仅具有筛选功能，还可能具有提高个体生产能力的功能。筛选功能发生于"就职"即寻找工作之时，提高个体生产能力功能存在于"在职"之时即进入某单位工作之后的时间段。具体说来就是，在信息不完全的情况下，雇主开始时可能由于缺乏工人潜在生产力的信息而向多受教育者支付更高的起点工资。但是，由于雇主可以在工作过程中测试他们最初雇用决定的准确程度，向工人支付的工资可根据其"在职"业绩随时相应调整。所以高等教育文凭的信号作用只在雇用开始时期存在。

布劳格认为教育文凭在雇用过程中起到筛选作用是统计歧视原理在起作用。如前所述，统计歧视原理是指虽然教育学历较低者有可能生产能力较高，但是根据统计学的一般规律，人们知道，教育学历较高者其生产能力也高的可能性要大得多。而要完全区分个体能力高低则需要极大的鉴定成本。所以，雇主宁可冒失去那一小部分人才的较小危险，也要避免雇用庸才的较大可能性。

2. 强筛选理论

强筛选是指高等教育完全没有提高个体生产能力的功能，而仅仅具有能力信号的功能。也即是说，筛选功能不仅发生于"就职"之时，也存在于"在职"的全过程之中。具体说来就是，在劳动力市场关于能力信息不完全的情况下，在雇用之时，雇主由于缺乏工人潜在生产力的信息，会向多受教育者支付更高的起点工资，而且在雇用之后，由于雇主在工作过程中并不测试他们最初雇用决定的准确程度，还会继续向学历高者支付高工资。

布劳格利用内部劳动力市场理论解释了强筛选存在的可能性。内部劳动力市场理论表明，很多企业和政府组织为了减少招聘、培训和劳动力流动的成本，往往通过内部选拔和晋升来填补大多数职位空缺。这种管理惯例，因为招聘总是先定于特定的职位类型而提高了招聘行为的效率。同时，由于员工能在组织内部获得终生职业发展机会，会激发工作士气。面对内部劳动力市场，员工在受雇时就可能怀有最终能够晋升的强烈期望，这样在工作期间就不会到处求职流动，而会安心于特定的职业阶梯。相应地，工作成绩也会比较好。其结果是这些员工受雇时所拥有的起始优势就转化为在该单位整个工作期间的持久优势。教育文凭在雇用时的一次筛选就变成了特定企业整个相关时期的筛选。

对于弱筛选理论和强筛选理论的理论合理性判断至今尚没有定论。以下几点是理解强、弱筛选理论时应该首先注意到的：第一，弱筛选理论实际上是筛选理论和人力资本理论对学校教育在个体劳动者不同就业时间段所产生功能的理论解释的组合。第二，对于具体的职业或个人而言，高等教育文凭有可能发挥不同程度的筛选功能和提高能力功能。第三，高等教育文凭的功能组合如何受到宏观经济环境的影响，即高等教育文凭的不同功能的发挥具有时代条件性。

（四）三种筛选机制

学校教育制度的阶梯性特征使它能够发挥筛选功能。

1. 学校教育制度的阶梯性特征

学校教育制度之所以能够发挥筛选功能和它的体系的阶梯性特征分不开。任何一个国家的现代学校教育制度都呈金字塔形的阶梯形式，被形象地称为教育阶梯。学生沿着这个阶梯拾级而上，选拔也就存在于阶梯上升之中。目前，学校教育制度每一升级时刻，如小学一年级至二年级，均有选拔的国家非常少。大部分国家的学校教育制度都由在下的普及教育阶段和在上的选拔教育阶段两部分组成。在不同国家里所不同的仅仅是，作为金字塔底部的普及部分的方形高度和作为金字塔顶部的选拔部分的斜度不同。有些国家普及程度低选拔程度高，有些国家普及程度高、选拔程度低。由于世界上很多国家已经普及了高中教育，所以，研究者往往注意高中后教育即高等教育制度的选拔功能。

2. 学校教育制度筛选机制

学校教育的筛选功能是通过以高等教育制度为顶点的学校教育制度的选择或者叫作选拔功能、学习成绩和学习者个人自我选择三种具体机制的有机结合而实现的。

（1）学校教育制度的选拔

学校教育制度的正式选拔主要有两种形式：入学要求和教师分等。不符合入学要求的将不被允许进入高一级的学校学习，甚至不同类型的高一级的学校入学要求也不同。这样学校的层次和类型就对学生具有筛选功能。在教学过程与选拔过程中，教师在判定学生各方面尤其是学习成绩时，往往会把全体学生分为数个等级，一般是五个等级，教师对学生的不同等级的判定也具有较大的选拔功能。

上述是学校教育制度的正式而显在的选拔功能，其实，学校教育制度中还有很多非正式或隐性的选拔功能。比如，从学生进入学校教育阶梯那一天起，学校教育制度的选拔就一刻也没有停止过。在普及教育阶段以分类形式表现，其中既有正式（制度）的选拔也有非正式（非制度）的选拔。正式的选拔包括重点和非重点的幼儿园小学和中学等教育制度类型，进入不同的教育制度类型自然将来前途不同。非正式的选拔有校内的实验班和特长班、校外的各种补习班，甚至任课教师和班主任等老师的特殊照顾等，参加和不参加这些班的学生的未来也会大不相同。而能不能进入各种所谓重点或者实验班等则是学生的家庭背景和个人智力等各种因素综合作用的结果。这样，即使在普及教育阶段，学校教育也通过各种正式或非正式形式在悄悄发挥选拔功能。

（2）学习成绩

学习成绩指考试分数。现代的考试多采取标准化或近似于标准化的形式。这样，标准化的考试成绩在不同学科和不同学生之间就具有明显的可比性。同时，这些标准化考试的内容是相对于标准化的教育课程及学习内容而言的，也就是说，学习与教学的标准化强化了标准化分数的操作性。这些因素使得以标准化分数为指标的学习成绩在不同学生之间的可比性进一步增强。

学习成绩所发挥的选拔作用与上述的教师分等有些相似。但是，以学习成绩为依据的选拔倾向于客观选拔，而以教师分等为依据的选拔则倾向于主观选拔。

（3）自我选择

在学校教育制度通过各种筛选机制对个体进行选拔的过程中，学生个体也在和周围同龄人的竞争比较中，逐渐对自己的能力有了相对客观的认识，并在这个基础上，进行将来的学业选择和职业选择。从这个意义上来说，教育制度选拔也是一种自我选择过程。学校教育选拔和自我选择长期相互作用的结果，经过日积月累，最后就形成了高等教育文凭。于是，高等教育文凭就成为了个人能力的较为合理的外在标志。人们常常批判我国高考制度是"一考定终身"，从上述对学校教育选拔功能发挥过程的分析来看，这种批判显然有失偏颇。

二、筛选理论的实证尝试

关于筛选假设理论效度如何的实证研究成果，目前还缺乏系统性和权威性。已有实证研究自然集中在检验和评估学校教育的生产性上。由于教育对个体生产率提高的贡献无法直接测量，因此假设检验无法直接进行，唯有通过推导出建立在筛选理论基础上的一些假设之后才能进行，而且这些检验多半是针对一些极端情况。主要的实证研究成果有：完成学业组和未完成学业组检验、学用相同组和学用不同组检验、竞争部门和非竞争部门检验以及被雇用组和自我雇用组检验四类。其中有些实证研究成果支持推导出的理论假设，而有些实证研究成果反而与推导出的理论假设相矛盾。同时，由于这些研究成果是针对推导出的理论假设的，因此即使推导出的理论假设得到现实数据的实证检验，也很难说能够直接对筛选理论的理论假设的合理性进行系统和最终判断。另外，也有很多证据表明教育是否具有筛选作用还取决于本土文化和公共制度的特征。

（一）完成学业组和未完成学业组检验

这个检验的目的是检验毕业证书假说。研究者的实证研究发现之间存在着明显的不一致。

1. 理论假设

毕业证书假说是指根据筛选理论的基本假设可以合理地推出如下判断，如果不同的学校教育文凭代表了不同的生产能力，从而教育程度高成为获得更好工作的敲门砖，那么完成学业拿到毕业证的毕业生与未获取毕业证的肄业生相比，前者应该可以获得更高的工资报酬。这种现象被称为毕业证书效应。

2. 实证检验结果

对毕业证书假说，曾经有西方学者 Layard 和萨卡罗普洛斯（1974）、Hungerford 和 Solon（1987）、Hartog（1983）、Groot 和 Oosterbeek（1990）等进行过实证检验，结果不尽相同。也就是说，有些研究结果支持该理论假设，而有些研究结果则与理论假设不一致，分述如下。

首先是支持性研究结果。Layard 和萨卡罗普洛斯的研究结果否定了毕业证书假说。对于这个实证结果，Hungerford 和 Solon 认为他们忽视了退学者作出退学决策的时间点。二人对数据进行了重新分析，着重研究了高等教育和收入之间的不连续性。通过比较高等教育每一年的收益率，发现第一年和最后一年的教育收益率明显高于中间两年的教育收益率。这个结果支持毕业证书假说。

其次是否定性研究结果。如前所述，Layard 和萨卡罗普洛斯首先对这个假说进行了检验。他们比较了中途退学者和学业完成者的教育回报率，发现两者之间并没有显著区别。这个研究结果否定了毕业证书假说。

（二）学用相同组和学用不同组检验

这个检验的目的是检验 Wiles 假说。研究者的实证研究结果之间存在着明显的不一致。即使在同一个研究的结果中，也出现了自相矛盾的尴尬现象。

1. 理论假设

如果筛选理论假设成立，那么就可以合理推断出，劳动生产率完全不受劳动者所学专业的影响，能够胜任所从事的工作的劳动者和具有相同教育程度却从事其他工作的劳动者相比，即学用相同的劳动者和学用不同的劳动者之间，不应该有明显的工资差别。这个理论假设首先由学者 Wiles 提出，所以被称为 Wiles 假说。

2. 实证检验结果

对 Wiles 假说，曾经有学者 Miller 和 Volkert（1984）以及 Arabsheibani（1989）进行过实证检验。但是即使在同一个研究中，也出现了结果自相矛盾的现象。

首先是肯定性结果。Miller 和 Volker 利用澳大利亚的大学毕业生劳动力市场对 Wiles 假说进行了检验。通过考察从事经济职业的经济专业和技术专业的高校毕业生的起薪，发现经济专业毕业的劳动者并不比技术专业的劳动者起薪高。这个结果支持了筛选理论。

其次是否定性研究结果。Miller 和 Volker 在同一个研究中还发现，在技术职业工作的技术专业毕业生的起薪要比在技术专业工作的经济专业毕业生高 5%。这和人力资本理论一致，而在一定程度上拒绝了筛选理论。Arabsheibani 使用埃及毕业生的数据进行检验，结果发现如果所受教育对工作有用毕业生将会额外获得奖励工资，同时所受教育和职业联系程度越高，奖励工资也就越高。这个结果和人力资本理论相一致，而否定了筛选理论。

（三）被雇佣组和自我雇佣组检验

这个检验的目的是检验同样的教育对雇佣劳动者与自我雇佣劳动者是否具有不同的工资作用。然而，实证检验的结果之间也存在着明显的不一致。

1. 理论假设

如果筛选理论假设成立，那么筛选装置对工薪领域比对个体经营领域更为重要。这是因为如果教育只起到信号作用而不能提高个人能力，则被雇佣者为了向雇主传递自己高能力的信号，会投资更多于教育，而自我雇佣者在同等情况下则会选择较少的教育投资。

2. 实证检验结果

Riley（1979）、Katz 和 Biderman（1980）、Wolpin（1977）、De wit 和 Van winden（1989）进行过被雇佣组和自我雇佣组的实证检验，检验结果也不一致：

首先是肯定性研究结果。Riley 的研究发现在其他条件相等的情况下，自我雇佣组的教育水平较低。这说明了学校教育筛选功能的存在。Katz 和 Biderman 也发现了支持筛选理论假设的证据。De wit 和 Van winden 使用回归模型的研究发现，在能力相等的情况下，对于被雇佣组来说，学校教育和收入之间正相关且获得教育文凭的毕业生能够获得工资奖励；而对于自我雇佣组来说，这些现象均不存在。

其次是否定性研究结果。Wolpin 经过研究发现，在同等教育水平上，自我雇佣组的生产效率要比被雇佣组高，在收益上，自我雇佣组的收入要显著高于被雇佣组。所以他认为至少应该否认教育的强筛选功能，也就是教育在发挥筛选功能的同时也提高了劳动生产率。

（四）竞争部门和非竞争部门检验

这个检验的目的是检验同等学历的劳动者工作在不同的劳动部门中，其学历是否会起到筛选作用。检验结果表明，在非竞争部门，教育文凭的筛选功能更有可能发生。

1. 理论假设

如果筛选理论假设成立，那么就可以合理推导出竞争部门和非竞争部门劳动者的工资差别。在非竞争部门（例如公共部门），由于工资更可能是由官僚和集权所决定，应该倾向于比较严格地由受教育水平确定工资，而在竞争部门（例如私营部门）设定工资更接近于工人的边际生产力，也就是说教育水平和工资的关联度应该小于公共部门。因此，教育文凭的筛选功能更有可能发生在非竞争部门。

2. 实证检验结果

由于对筛选理论在竞争部门和非竞争部门中的适合性假设检验首先由萨卡罗普洛斯于 1983 年提出，因此这种实证方法又称为 P-test 法检验。在这个检验中，肯定性研究结果很多，尚未出现否定性研究结果。

萨卡罗普洛斯在分析比较了竞争部门和非竞争部门之后，发现筛选确实更可能发生在非竞争环境下。Biderman（1992）利用以色列的数据进行了分析，研究结果也支持上述结论。Paul Miller（2004）利用澳大利亚的数据对竞争部门和非竞争部门进行了筛选理论的检验，研究结果表明筛选是澳大利亚劳动力市场决定收入的部分因素。

三、筛选理论的历史地位

筛选理论曾经在 20 世纪 70 年代红极一时，成为当时学术界非常流行且影响巨大的理论体系之一。但是，随着时光流逝，筛选理论逐渐褪去了耀眼的学术光环，而隐身于愈发展愈显强劲的人力资本理论的阴影之下。然而，筛选理论的观点在学术思想上的启迪作用和对教育经济学研究发展的推动作用是显而易见的。

（一）筛选理论的贡献

筛选理论对经济学与教育学理论发展的贡献是多方面的，关键是筛选理论增加了人们对学校教育制度的客观功能的深入认识与相对认识。筛选理论对相关政策实践的影响也是多方面的，主要表现在，长期以来，西方各国在是否增加教育投资上的政治争论非常激烈，这与决策者的理论依据是人力资本理论还是筛选理论密不可分。

1. 筛选理论的理论贡献

虽然筛选假设理论也承认学校教育水平与工资的正相关关系，但它否认人力资本理论的"教育→劳动生产率→工资"的观点，是从"教育→筛选→工资"的逻辑去解释这个正相关关系的。它认为教育只反映一个人的生产能力，不能改变一个人的生产能力和劳动生产率。教育投资的收益率并不能反映教育在提高劳动生产能力方面的经济意义。

筛选理论在分析雇主及求职者在劳动力市场遇到的信息问题中，把教育作为"筛选装置"来说明教育水平与工资的关系。从"不完全和非对称信息"概念出发，该理论说明教育在本质上只是雇佣双方"信息不对称"条件下的一种能力信号，主要通过教育机构选拔、教育成绩和自我选拔三种机制来获取雇员的生产能力特征。其经济效益源于它在劳动力市场上所起的筛选作用。

筛选理论开始注意到了学校教育制度具有多方面的客观功能，加深了对现代学校教育制度的本质的理解。这些都有利于政府与社会今后进行更为合理的学校教育发展规划。

2. 筛选理论的政策意义

筛选理论对于个人、企业和国家尤其是国家宏观教育政策的制定具有巨大的启发意义，主要表现在教育政策尤其是教育财政投资的力度和重点上。

为了使分析简单化，首先假定学校教育具有强筛选功能。如果学校教育具有强筛选功能，那么国家和政府完全不必使用公共财政投资于学校教育，因为个人接受学校教育并不能扩大社会财富，而仅仅是改变社会财富在个人之间的分配而已。

同时，如果劳动力市场发育健全，它就会提供足够的经济刺激让个人投资于学校教育尤其是高等教育。所以如果说政府有发展教育的责任，那么这个责任在于保障劳动力市场有关制度的健全，比如预防过度教育和保证文凭信用等。这些相关制度的完善无疑仍然需要政府相应的财政投入，但是这种财政投入和人力资本理论指导下的教育财政投资，在性质、方向和力度上完全不同。

不过，教育经济学理论研究者一般认为，学校教育制度既有一定的筛选功能，也有巨大的人力资本投资功能。这个普遍认识其实在一定程度上承认了弱筛选理论的合理性。学校教育所具有的社会功能的复杂性，无疑增加了教育财政政策制定的难度。学校教育同时具有筛选和人力资本提升的双重功能就要求社会和政府的财政投资力度不仅随人力资本投资功能的变化而变化，还需要注意学校教育制度的筛选功能,认真考虑财政投资的方向、时间和周期。

(二)筛选理论的固有缺陷

筛选理论还存在一些理论难题一直没有解决。关键在于筛选理论的研究者在教育能不能部分提高个人能力这个问题上还没有达成一致认识。主要原因是教育和能力之间的关系无法直接实证检验,而在根据筛选理论推导出的几组理论假设的实证检验上,至今尚未取得比较明确的一致结论,有些实证检验的结论甚至直接和理论假设相矛盾。

(三)筛选理论产生的客观条件

筛选理论本质上是美国本土的理论。这种理论的产生与发展,与当时美国经济社会环境的巨大变化密不可分。

20世纪50年代至70年代初,以美国为首的发达国家的经济长期高速发展。但是,20世纪70年代初石油危机的出现引发了世界范围的经济危机,世界经济发展速度急剧变缓。经济危机对美国打击很大,缓慢的经济增长大大影响了高校毕业生的就业出路,在极高的青年失业率以及劳动生产率下降等背景下,很多大学毕业生只好做以前中学毕业生做的工作,而中学毕业生则要做小学毕业生的工作。于是出现了诸如"文凭膨胀"和"过度教育"等质疑学校教育尤其是高等教育发展过快的社会舆论。

在这种情况下,许多研究者开始对人力资本理论提出了质疑,认为教育对劳动生产率并没有增强的作用,教育的作用在于为雇主和社会提供信息以确定个体劳动者是否具备更高的生产能力或更好的可培训能力;接受教育可能只是让学习者获得了进入某些职业或者某些部门的敲门砖,即工资是由劳动者的学历或者文凭确定,而并非由边际劳动生产率所决定。总之,在筛选理论中,学校教育文凭客观上只是被用来作为区别个人能力的一种手段,而成为进入某一职业的"通行证"。

第三节　劳动力市场分割理论

劳动力市场分割理论又叫作双元劳动力市场理论。劳动力市场分割理论在西方经济学中，是主要用以解释报酬差异、劳动力流动困难、失业、种族或性别等方面的社会歧视等许多经济现象的重要理论。劳动力市场分割理论本身也包含很多理论流派，本节主要介绍内部和外部劳动力市场分割理论、主要和次要劳动力市场分割理论、传统和近代劳动力市场分割理论以及四元劳动力市场分割理论等。

一、内部和外部劳动力市场分割理论

最早提出该理论的是美国经济学家科尔，他在《工业社会的劳动力结构》（The Structuring of the Labor Force in Industrial Society）一文中指出，整个社会经济的劳动力市场不是像人力资本理论家所宣称的那样是均一和统一的连续体，而是被分割为外部劳动力市场和内部劳动力市场。外部劳动力市场和内部劳动力市场具有不同的特征。

（一）外部劳动力市场

外部劳动力市场指的是劳动力的价格、配置和培训受经济变量直接控制的劳动力市场。外部劳动力市场存在于小型的企业中，有时候也存在于一些中型企业之中。

外部劳动力市场和内部劳动力市场在入职条件、工作性质与工资待遇等方面差异非常明显。一般情况下，外部劳动力市场要远远逊于内部劳动力市场。

（二）内部劳动力市场

内部劳动力市场指的是劳动力的价格、配置和培训是由企业内一系列管理规则和管理程序控制的市场。内部市场的雇员享有外部市场无法享受的权利和特权，例如，只有内部员工才有权利填补内部空缺职位。内部劳动力市场存在于整个经济体系之中，它又可分为企业市场和行业市场。一般学者所讨论的内部劳动力市场往往多指企业内部劳动力市场。这个劳动力市场对入职人员的学历要求比较高。

1. 企业内部劳动力市场

在企业内部劳动力市场中，存在着逐级上升的金字塔式的晋升阶梯。各种起点职位往往处在底层，而较上层空缺的职位则常常从晋升阶梯中的低层依次提升人员来填补而不从企业市场外部招聘。但是进入企业内部劳动力市场的最低一级起点职位要具备一定的教育水平，一般需要中等教育毕业水平，逐渐地，时至今日，高等教育毕业则成为了基本要求。大学毕业生大多以实习生或较低级管理人员的身份进入企业。学校教育水平高的往往优先雇用，但是进入企业市场后，员工获得提升的最重要标准就不再是学历而是能力，至少在管理学的理念上是这么认为或宣传的。

2. 行业性内部劳动力市场

行业性内部劳动力市场存在于建筑业码头装卸行业和某些服务业中。与企业市场不同，它们通常不是以公司企业而是以地方工会为中心建立起来的。某一地方工会的地理和职业范围往往规定着该市场的大小。内部职位分配的主要问题是如何将学徒或实习生训练成熟练工人，以及如何促成基本上达到熟练水平的工人的晋升以及雇员的短期职位安排。进入行业市场的规则要比进入企业市场的更严格，但其决定内部职位分配的规则却比企业市场灵活得多，不像后者那样强调资历和能力，而是更重视机会均等。

3. 内部劳动力市场的进一步分割

从工作条件角度看，内部劳动力市场仍可作进一步细分，即分为"好的"和"劣的"职业。比如，在不少国家政府公务员分为不同系列，不同系列的公务员只能在自己的系列轨道上晋升。待遇较低系列的公务员很难有机会进入待遇较高的公务员系列。再如，大学教师有终身教职与合同教职系列在一个学校内，合同教职的综合待遇低于终身教职。合同教职的教师很难进入终身教职系列。企业虽然不如政府部门与高校那样明显而严格，但也基本如此，临时工与正式工，工人与干部之间，待遇差距甚大。对此，本书不作进一步分析。

（三）内外劳动力市场之间的关系

内外部劳动力市场之间具有密切而复杂的关系。其一，进入内部市场所规定的标准是与外部市场的状况密切相连的，就是说，各工厂企业的"雇用标准"随外部市场上的失业状况、竞争者所提供的工资率以及当地劳工教育水平和其他供应因素的特点的变化而变化。当外部市场宽松时，进入内部市场比较容易；当外部市场形势严峻时，进入内部市场就会困难很多。其二，在构成进入或离开内部劳动力市场的某些职业岗位上，这两种市场彼此间存在着流动现象。比如，外部市场的人可以流入内部市场中某些较低级的职业岗位；与此同时，内部市场的人也可能流向外部市场。

二、主要和次要劳动力市场分割理论

主要和次要劳动力市场分割理论是在内部和外部劳动力市场分割理论基础上发展而来，一般研究者所指的劳动力市场分割理论往往就是指主要和次要劳动力市场分割理论。这种理论由多林格（B.Doeringer）和皮奥里（M.J.Piore）创立。

他们在《劳动力市场分割：何种模式？》（Labor Market Segmentation：To What Paradigm Does It Belong?）一文中提出了以下几个观点：第一，对人力资本理论提出异议，否定一个特殊的经济联系方式可以应用于所有工人或工作。教育的作用和其他人力资本在决定工资和分配劳动力方面是得不到保证的。第二，根据就业机会不同，把整个经济划分为主要部门和次要部门。次要部门的工资及就业决定机制与主要部门有着显著不同。第三，两类部门间的劳动力流动受到严格限制，因此次要部门的工人被锁定在该部门。由于多数工人难以负担专业技能培训的高额成本，他们从而不得不屈就于低技能职业，这形成了这一部门显著的就业不足特征。第三，有关促进就业的建议。多林格和皮奥里的劳动力市场分割理论区分了职业特征和劳动力品质特征，认为增进就业的重点应该在提高"好职业"对"劣职业"的比率上，而不仅仅是提高工人的技能水平，因为某种职业成为次要职业并非纯粹起因于工人自身的技能状况。

三、四元劳动力市场分割理论

在主、次要劳动力市场分割理论和内、外部劳动力市场分割理论的基础上，学者莫克（A.LMok）认为现代社会的劳动力市场存在着四元分割特征。第一部分，主要部门内部劳动力市场（PI）：技能专业化，较长在职培训，优越的晋升机会、职业保障及工作条件，高度责任及自主权，较高的物质报酬。第二部分，主要部门外部劳动力市场（PE）：技能专业化程度并非很高，需要较少的在职培训，晋升机会不多，但仍能获得相对高的物质报酬并且工作有较强自主性。第三部分，次要部门内部劳动力市场（SI）：技能专业化，进行一些在职培训，具备一定的晋升机会，但工作缺乏自主性，职业稳定性差，物质报酬相对低并且工作条件差。第四部分，次要部门外部劳动力市场（SE）：技能专业化程度低，没有在职培训，工作缺少自主性，职业没有保障并且不稳定性程度大，工资收入低，工作条件差。这类市场多由外籍工人及临时劳动力组成。

四、传统和现代劳动力市场分割理论

我国有研究者不把这个理论看作劳动力市场分割理论的一个类型，认为两大部门之间不存在劳动力市场的本质分割。虽然这个理论和传统经济学中的劳动力市场分割理论确实有所不同，但是，不可否认该理论论及了现实社会中劳动力市场分割的一种特殊现象，故笔者仍然把它作为劳动力市场分割理论的一个类型。

该理论是由刘易斯、费景汉和拉尼斯等人提出并加以完善的，其理论思想可以概括为劳动力无限供给模式，包括三个方面的基本认识：传统和现代产业部门的分割，经济发展的动力以及发展阶段等。

第一，社会生产分为农村（传统农业部门）和城市（现代工业部门）两大部门，两大部门之间在生产技术上存在本质差异，因而劳动力市场就随之形成了两大部门的分割。这是以发展中国家为研究对象的发展经济学的重要理论之一。在发展中国家，劳动力的绝大部分集中于传统农业部门的劳动力市场，边际劳动生产率很低，甚至为零或负数，农业劳动者的收入水平很低，一般只能够维持自己和家庭最低限度的生活水平；在现代工业部门的劳动力市场，就业比重低，劳动生产率高，工资水平取决于传统部门即维持生计部门劳动者的收入水平，在某个工资水平上，现代工业部门能够得到它所需要的任何数量的劳动力，即现代工业部门劳动力市场的劳动供给具有充分弹性，劳动力的无限供给反过来又迫使现代工业部门的工资水平基本上保持不变。

第二，经济发展的动力源于剩余的利用，即通过利润的再投资来增加新的资本和吸收更多的非资本主义领域的劳动力，从而获得更多的利润。这种方式反复进行从而使资本主义领域不断扩大。同时，利润、储蓄和资本积累在国民收入中

的比重逐渐增加，直到多余劳动力吸收完毕，真实工资相应上涨为止。正如刘易斯所说："经济发展的关键是了解资本家剩余的使用。现代工业部门由于把剩余再投资于创造新资本而扩大，并吸收更多的人从维持生计的传统部门到现代工业部门就业。剩余越来越多，资本形成也越来越大，而且这个过程要一直继续到剩余劳动力消失为止。"

第三，劳动力市场将经历三个变化阶段。费景汉、拉尼斯对刘易斯的劳动力市场理论进行了补充和发展。他们接受了刘易斯的二元劳动力市场划分方法，但对劳动力市场的动态化过程进行细化，将二元劳动力市场的动态变化划分为三个不同的发展阶段：第一阶段，传统部门存在大量隐蔽性失业，劳动边际生产率为零或接近于零，现代工业部门拥有无限的劳动力供给，当部分劳动力转向现代工业部门时，农业总产量维持不变；第二阶段，随着工业的扩张，边际劳动生产率低于平均产量的隐蔽失业人口被逐步吸收，由于这部分劳动力的劳动边际生产率为正值，他们的转出致使农业总产量下降，农产品开始出现短缺，工资开始上升，于是工业吸收农村剩余劳动力的进程变慢；第三阶段，随着经济的进一步发展，工业的扩展对劳动的需求增加，农业中的实际工资也将上升，使得传统部门必须按边际劳动生产率，而不是按制度工资来支付劳动报酬，当两个部门的边际产品生产率趋于一致时，二元经济及二元劳动力市场将不再存在。

五、劳动力市场分割理论对高等教育功能的定位

劳动力市场分割理论对高等教育功能的认识，与其批判对象的人力资本理论既有相同点又有不同之处。

主要相同之处在于，和人力资本理论一样，劳动力市场分割理论也认为，教育程度越高收入越高，教育程度越低收入越低，教育与收入之间存在着正相关关系。同时，学校教育对整个国民经济增长具有促进作用。

主要不同之处有两点：第一，解释高等教育和收入关系背后的原因不同。人力资本理论重在教育的生产能力提高，筛选理论则重在教育的能力信号作用，马克思主义社会化理论重在教育促使社会价值和规范的内化，而劳动力市场分割理论则认为高等教育是决定一个人进入何种劳动力市场并在其中工作的重要因素，这是影响工资收入差异的最根本原因。第二，对现实劳动力市场的理论假定不同，

人力资本理论和筛选理论这两种理论是分别建立在劳动力市场信息完全与信息不完全的假设之下，对劳动力市场上的许多现象具有很强的理论解释力。但是，由于它们都没有考虑到现代社会中产权与制度等方面的因素，这两种理论都无法解释社会上某些集团的持久性贫困问题。与此相比，劳动力市场分割理论则能够较好地解释这种现象。因此劳动力市场分割理论本质上具有制度经济学的一些因素。

第二章　高等教育的经济价值

第一节　高等教育的经济价值分析

各门学科尤其是哲学对"价值"一词的内涵进行过比较深入的探讨，但时至今日也没有取得比较一致的抽象认识。这里主要从经济学的角度对"价值"一词的含义进行一般性概括。根据《牛津英汉双解经济学词典》的解释，"价值"一词有四种含义：第一，一般赞扬的说法；第二，数学中变量或参数的变化规模；第三，与价格等义；第四，价格与数量的乘积。第三和第四种含义本质上相同，现代经济学也多是在这个意义上使用"价值"一词。

如果按照教育经济学的一般认识，把接受高等教育的过程比作产品的生产加工过程，那么，高等教育活动也具有价值。换句话说，如果个人不接受高等教育，这些价值就不会出现。不过，在高等教育学界，人们似乎更愿意使用"高等教育收益"而非"价值"一词，本书则视价值、收益和利益三者为语义内涵基本同一的中性词，同时为了照顾行文习惯的需要而互换使用。

理论上而言，高等教育收益不仅仅是经济的还有非经济的。仅仅就经济收益而言，不同计量方法所得到的高等教育收益也不同。和一般商品的单一经济价值相比，高等教育的收益不仅具有多面性而且不易测量。

高等教育所带来的利益可以从多个角度分析，比如，受益者角度（社会和个人）、利益表现形式（经济和非经济）、利益发生方式（直接和间接）以及利益出现周期（长期和短期）等。本章主要从利益的受益者和表现形式两个角度入手分析。

由于高等教育利益的受益者和表现形式不过是对同一个事物从不同视点进行的解析，因此以下就把两个角度结合起来，以经济价值—非经济价值为经线即主线，以个人—社会为纬线即辅线进行高等教育价值分析，分析时以高等教育的经济价值为重点。

一、经济价值

如前所述，高等教育的经济价值包括以下两部分：接受高等教育个人的经济收益与个人接受高等教育给所在社会带来的经济价值。

（一）个人经济价值

对于接受高等教育的个人来说，高等教育的经济收益是高等教育毕业后所得到的工资高于不接受高等教育即高中毕业所得到的工资的差额部分。接受其他阶段的学校教育的个人经济价值也是按照这样的原理来计算，比如，接受小学教育的个人经济价值就是小学毕业后的工资高于不接受小学教育的工资的差额部分。再具体一点，单位高等教育的个人经济价值就是接受 $N+1$ 年学校教育所获得工资收入高于接受 N 年学校教育所获得工资收入的数量。

上述只是理论上对高等教育个人经济价值的论述分析。实际上，一个人一旦接受了高等教育，我们就很难想象他不接受高等教育的职业和所获得工资收入会怎么样。我们对高等教育个人经济价值的观察实际上是通过不同个人为研究对象而进行的。比如说有两个人 A 和 B，A 进入大学学习，B 高中毕业后即参加工作。很显然，一般说来 A 的工资，无论是月工资还是年工资或生涯工资都要高于 B。于是，A 与 B 的工资收入差距就会被认为是高等教育附加价值的表现之一。

但是，A 与 B 两个个体有可能在高中毕业未进入高校读书时就存在着个人先天素质和家庭社会经济条件等诸多制约其今后工资收入差距的实际因素，所以 A 与 B 的工资差额并不能完全肯定是接受高等教育所带来的必然结果。我们在做出上述结论时，往往是假定 A 与 B 两个个体除接受高等教育与否这一点不同之外其他各个因素均相同或相近。

（二）社会经济价值

高等教育的社会经济价值有广义和狭义之分。广义上，高等教育的社会经济价值包括三部分：上述个人经济价值的集合、高校毕业生个人所得税差额和高等教育外部经济效益。为了分析方便，以下分别称之为高等教育社会经济价值 A、高等教育社会经济价值 B 和高等教育社会经济价值 C。狭义上的高等教育社会经济价值又存在两个略有不同的认识：第一，学术研究中，高等教育的社会经济价值多指高校毕业生个人所得税差额（B）和高等教育外部经济效益（C）。我国教育经济学理论所说的高等教育社会经济价值一般是这个含义。这个意义上的高等教育社会经济价值和高等教育个人经济价值完全对立。第二，在日常生活中，也常常谈到高等教育的社会经济价值，这时候通常指高等教育的外部经济效益（C）。

1. 高等教育社会经济价值 A

高等教育社会经济价值 A 是个体高等教育经济价值的集合。一个社会中的某个个人所拥有的物质财富肯定是这个社会的财富的一部分，所以个体通过接受高等教育所获得的附加价值毫无疑问也是高等教育带给社会的附加价值的一部分。这一点集中体现了西方哲学中对个人和社会关系的基本认识。虽然我国自古就有"藏富于民"的说法，但是这一点现在常常被有意无意地忽视。

2. 高等教育社会经济价值 B

高等教育社会经济价值 B 是高校毕业生个人所得税差额。高校毕业生个人所得税差额即高校毕业生所缴个人所得税中超出高中毕业生的部分。对于社会尤其是作为社会代表的政府来说，这部分高等教育社会经济价值最为直接，因此，在高等教育社会经济价值中，这部分有可能是政府首先感兴趣的部分，常被称为高等教育的财政收益。

高等教育这部分的社会经济价值受不同国家个人所得税制度的影响较大。这样一来，个人税收制度的健全与否就在很大程度上决定着高等教育社会经济价值 B 的实际大小。个人所得税比率大小与社会制度以及传统有关，有些国家实行重税制度而有些国家则实行轻税制度，因而在不同国家高等教育社会经济价值 B 的大小就不完全一样。如我国，个人所得税率和其他国家相比较而言比较低，因而这部分比例也不算太大。

3. 高等教育社会经济价值 C

高等教育社会经济价值 C 指高等教育外部经济效益。高等教育外部经济效益是一般口语词汇，严格的经济学用语应该是高等教育外部经济。高等教育外部经济仅仅是高等教育外部性的一个侧面，也就是说还有可能存在着高等教育外部不经济。

外部性是指经济和社会活动所产生的费用和收益没有归于作为活动主体的个人或组织身上。外部性有两种划分方式：从费用和收益角度划分有费用外部性即外部不经济和收益外部性即外部经济。从影响外部性产生的方式来看，外部性可以划分为技术性外部性和货币性外部性。技术性外部性通过非市场方式影响他人，比如污染供水资源而产生的，技术性外部性非常明显能够被直接观察到。货币性外部性通过市场方式影响他人，比如新兴企业的出现可能会提高其他雇主雇用劳动力的费用，货币性外部性较难被直接观察到。这部分费用或利益之所以没有归于活动主体，主要是因为它无法或很难还原为个体费用或收益，还原的困难有时候在于还原的技术水平，有时候则在于还原活动本身所需费用太大。

综上所述，我们平时所说的高等教育外部经济效益就是经济学理论中的高等教育外部经济。它是社会全体得到的无法还原为个人利益的那部分因个人接受高等教育而产生的利益，也就是教育理论者经常说的高等教育所带给社会的公共利益。另外，人力资本理论框架下的高等教育外部经济效益中货币性外部性的成分又比较大，因而这部分经济利益难以直接观察到，更不要说直接衡量了。对此部分利益的操作性界定下文将详细分析。

（三）高等教育的社会经济价值和个人经济价值的关系

现代经济学对高等教育社会经济价值与个人经济价值的认识和一般常识尤其是哲学对二者关系的认识略有不同。哲学上一般认为社会和个人具有对立统一关系，但是现代经济学理论认为高等教育的个人经济价值与社会经济价值是部分与整体的关系，前者是后者的基础。

在现代经济学理论中，上述三部分高等教育的社会收益从可拆分性上来看，可以归纳为集合性利益和公共性利益两大类。

集合性利益是个体通过高等教育所获利益的总和，可以完全分解并还原为个体利益。换句话说，集合性公共利益就是个人利益的简单相加。没有个人利益就没有这部分集合性公共利益。高等教育社会经济价值中的集合性利益包括个人经济价值和高校毕业生个人所得税差额。而公共性利益是社会全体得到的利益，无法还原为个人利益的那部分利益。这是高等教育的外部性。这种公共性利益可以从两个角度来看，随着高等教育的大众化甚至普及化，首先，社会就能够顺利建立以知识为基础的现代知识社会及与其相关的各项社会制度。其次，这也意味着社会中大部分人掌握了高等教育水平的知识，高水平知识的普及成为现代社会人与人之间顺利进行高水平交流的基础，这无疑对各种经济和社会活动的高水平和高效率进行有着重要的作用。虽然公共性利益具有独立于个体利益的实体形式，但是公共性利益的实现必须以个体利益的实现作为前提和基础。

在这个意义上，高等教育的社会利益和个人利益并不矛盾，个人利益越大社会利益也就相应越大。因此，促进高等教育发展的最好方法应该是让个人追求高等教育投资的个人利益最大化，从而才能够达到社会利益最大化。这再次提醒人们注意在高等教育中导入市场机制的重要性。

二、非经济价值

如前所述，高等教育的非经济价值也包括以下两部分：接受高等教育个人的非经济收益与个人接受高等教育给所在社会带来的非经济价值。

（一）个人非经济价值

对于个体来说，高等教育的非经济利益主要是其消费利益。消费利益可以根据利益发生的时间分为短期利益和长期利益两个方面。短期利益指在学期间发生的利益，长期利益指毕业后发生的利益。

短期利益分为两个方面：首先，进大学学习本身就是一件很愉快的事，能够给个体带来很多身体和心理的享受。当然，这里的大学学习并不仅仅指课堂学习，还包括丰富多彩的课余活动等。其次，在大学学到的知识提高了个人的文化修养和个人品位，这是一种文化的利益。

长期利益也分为两个方面：首先，接受了大学教育的人更善于持家理财，注重家人的健康和卫生，更善于教育和养育下一代。其次，大学教育所形成的文化资本能够"遗传"给下一代，下一代就能够依据这个文化资本优势获得更大的教育或社会成功。

（二）社会非经济价值

高等教育制度具有社会、政治和文化等多方面且互相之间密切联系的非经济功能。

首先，高等教育制度发展有利于社会保持稳定。一方面，高等教育把大量的处于青春期的少男少女集中到一个地方管理，减少了他们给社会带来的不安定因素。国外的研究表明，暑期青少年违法犯罪的比率大幅度上升。这是高等教育的直接的社会控制功能。另一方面，高等教育通过直接或间接对学生进行符合社会统治阶级所希望的思想、政治、品德方面的教育而有利于社会保持稳定。还有，受过高等教育的个体具有较高的行为选择的理性，能够较好地适应社会变化。这些都有利于减少青少年反社会行为的发生。

其次，高等教育制度发展有利于政治民主化。如上所述，受过高等教育的个体具有较高的理性，不仅理论上能够成为政治民主制度的拥护者，而且在实践上，尤其在反映政治诉求时，也能够较理性地选择合法的实践方式。

最后，高等教育制度发展能够促进文化发展。高等教育制度是一个社会的历史和文化传统的继承和创造者。历史文化传统的核心是该社会的价值信仰。正因为有了这种信仰的存在，一个社会的不同部分才能够成为一个整体，同时不同阶段的历史也才能够延续。

三、经济价值和非经济价值的关系

高等教育的经济价值和非经济价值之间关系密切，主要表现在两个方面：非经济价值可以转化为经济价值，非经济价值的实现需要以一定的经济价值为基础。无论是对于个体还是社会而言均是如此。

（一）非经济价值可以转化为经济价值

对于个体而言，表面的非经济利益，实际上也可能是经济利益。比如，在其他条件相同的情况下，大学毕业和高中毕业相比，毫无疑问在选择配偶上要处于有利地位。这件事本身似乎并没有任何经济利益可言。但是实际上，如果能够得到各方面条件都较好的配偶，将来家庭的收入肯定也会高出其他人，这本质上无疑是经济利益。这个利益不仅对于女性来说非常重要，对男性而言也非常重要。

对于社会而言，高等教育的非经济价值和经济价值关系也是非常紧密的。比如，高等教育有助于社会稳定，而社会稳定是社会财富积累从而促进社会发展的重要前提条件。同时也可以节省用于维持法律秩序的财政支出，如法院和监狱的建设和维持费用，而这些费用是当前世界各国公共事业支出的重要部分。

（二）非经济价值的实现需要一定的经济价值为基础

虽然高等教育具有多方面的重要的非经济价值，但是这些经济价值的实现必须建立在一定的经济价值的基础之上。

对于个体而言，比如，大学毕业后要想享用高等教育所带来的文化娱乐价值，也只有具有了一定的经济实力之后才有现实可能性。对于社会而言，虽然文化繁荣是社会高度发展的象征之一，但是文化繁荣必须在经济有了一定程度发展之后才有可能。为此，本章重点关注高等教育的经济价值。

第二节　高等教育的经济价值计量

一、收益率和高等教育经济价值计量

（一）收益率计算的理论基础

高等教育收益率计算的理论基础是费用和收益分析。上文对高等教育个人经济价值的理论分析，仅仅考虑接受高等教育之后获得的经济利益，但是，某人接受高等教育还要付出比不接受高等教育者更多的经济投入，最明显的就是必须交纳一定的学费。所以，如果严格把高等教育看作类似于个人储蓄一样的投资行为，那么就不能只看收益，还必须比较收益和费用。这就是费用和收益分析。沿着这个思路对高等教育个人经济价值进行统计与测量就出现了收益率概念。

（二）收益率计算的主要方法

目前，高等教育的个人收益率主要有两种计算方法：内部收益率法与明塞尔函数法。内部收益率法首先由贝克尔提出，明塞尔函数法首先由明塞尔提出。

1. 内部收益率法

高等教育内部收益率的计算公式如下：

$$\sum_{t=19}^{22}\frac{C_t}{(1+\gamma)^{t-19}}=\sum_{t=23}^{60}\frac{B_t}{(1+\gamma)^{t-19}} \qquad (2.1)$$

在公式 2.1 中，假定 19 岁进入大学，19 岁到 22 岁为大学教育期间，从 23 岁到 60 岁为工作期间。C_t 和 B_t 分别为 t 岁时的高等教育费用和收益。γ 就是高等教育的内部收益率。γ 为年平均收益率。对此下文还要详细分析。

2. 明塞尔函数法

明塞尔函数法是利用明塞尔收入函数来计算教育收益率。明塞尔收入函数假定：第一，劳动者在生命周期的初期数年专事于教育投资；第二，其后参加工作，以在职训练形式而进行的人力资本投资逐渐减少。在这两个假定的基础上，工资（w）的对数值（$\ln w$）通过教育年数 s 和工作年数 x 来计算。计算公式如下：

$$\ln w = c + \alpha s + \beta x + \gamma x^2 \qquad (2.2)$$

公式 2.2 中，c 是常数，α 是教育的年平均收益率，如果计算使用的不是教育年数，而是赋以初等教育毕业、中学毕业、高职高专毕业、大学本科毕业等教育阶段变量，这样各教育阶段变量的系数就表明各种教育阶段毕业生的工资上升比。上述公式 2.2 就变化为公式 2.3：

$$\ln w = c + \alpha_p s_p + \alpha_s s_s + \alpha_h s_h + \beta x + \gamma x^2 \qquad (2.3)$$

公式 2.3 中，c 是常数，s_p 代表初等教育，s_s 代表中等教育，s_h 代表高等教育，a_p 代表初等教育总收益率，a_s 代表中等总收益率，a_h 代表高等教育总收益率。如果高等教育受教育年数为 4 年，则年平均收益率为 $a_h/4$。

众所周知，明塞尔收入函数存在着样本选择偏差的缺点。但是，与内部收益率的计算相比，使用明塞尔收入函数进行教育收益的计算，来自数据方面的制约较少，所以经常为国际比较研究所使用。我国学者也一般使用明塞尔函数法进行高等教育收益率计算。不过，从计算思考的逻辑严密性来看，内部收益率的思考原则显得更为严谨一些。所以，以下就从内部收益率的角度详细分析如何衡量高等教育的个人经济价值。

二、使用内部收益率衡量高等教育个人经济价值

这里使用内部收益率的计算逻辑来考虑如何衡量高等教育个人经济价值。使用内部收益率衡量高等教育个人价值时，首先必须明确高等教育带给受教育者个人的费用与价值。

（一）高等教育的个人费用

如果把进入高等教育学习看作个人的经济投资行为，那么，这个投资行为首先是投资的内容和多少，即高等教育费用的质和量。高等教育的费用也应该从经济费用和非经济费用两个方面进行探讨，这里只论述经济费用。

理论上来看，个人的高等教育投资费用应该包括直接费用、间接费用和其他费用三部分。但是，在收益率计算的实践中，研究者往往考虑其中的直接费用和间接费用两部分，而且在计算时首先需要对费用进行折现。

1.直接费用

高等教育的个人的直接费用是指，个人直接花费于高等教育的费用，包括学费、辅助学习费用和生活费。

学费是指个人直接用于购买高等教育的费用，这部分是支付给高等学校的用于购买直接教育服务的学费。不同国家的高等教育学费内涵不尽相同。有些国家还有注册费与考试费，这些也是学费的一部分。最基本的学费应该是按学分付费的那部分。

辅助学习费用指个人于高等教育学习期间，用于购买各种促进学校学习的教辅书籍、文具和进行非正规学习的费用。很显然，完成学校制定的学习任务需要大量的辅助学习费用。当前，最典型的辅助学习费用是用来购买个人用计算机。

生活费包括个人于高等教育期间的伙食费和住宿费。必须注意的是，经济学

理论上一般不把生活费作为高等教育的费用之一。这是因为，生活费基本包括吃、住和穿的费用。学生不上大学也要吃和穿，所以吃、穿费用不是上大学的费用。住也不算大学学费，因为在经济学所假定的完全市场上，学生因上大学而家里空出的住房可以出租。但是实际上，大学一般在相对比较大的城市，农村的学生在大学中的吃、穿费用自然比农村高很多，而且在农村或其他偏远地区的住房很难出租，况且本来家庭用房建设也不适于出租。有鉴于此，我国学者曾使用"差额生活费"一词从理论上解决了这个问题。但在实际研究中，差额生活费的测量极为困难。

2. 间接费用

间接费用是指如果高中毕业后不进入高等教育学习而直接参加工作所获得的税后工资收入，等于高中毕业生工资收入与大学在学年限的乘积。这部分收入因个人进入大学学习而必须放弃，因此又被称为机会成本。但是，需要注意的一点是，这里所说的机会成本与一般经济学理论所说的机会成本的内涵不同。按照经济学的一般理论对机会成本的定义，个人接受高等教育的机会成本应该是所有的直接费用与间接费用的总和。

在高等教育收益率的计算中，机会成本既可以作为正的成本计入公式中也可以作为负的收益计入公式中。不管计入形式如何，计算的结果均相同。本节在以下的计算中，把它作为负的收益计入计算公式里。

研究者一般认为，与直接费用相比，高等教育的机会成本即间接费用要大得多。但是，大学毕业生和高中毕业生找到工作的概率并不相同，也就是说，高中毕业生比大学毕业生的失业率更高。所以，有些研究者建议采取把不同学历层次的就业率作为折算比率对高等教育机会成本进行折算。

3. 其他费用

其实，个人的高等教育费用并不仅仅限于发生在个人接受高等教育期间。很早就计划进入高等教育读书的人和没有这种计划的人在学习上投资的数量与质量存在着本质的差异。有升学计划的学生的教育投资要高出没有升学计划的学生很多，这部分费用要远远多于上述的直接费用与间接费用之和。严格说来，这部分也应该记入高等教育费用之中，可称之为高等教育机会准备费用。但是，在经济学里，研究者在计算高等教育的经济效益时，一般只计算学费和机会成本。因此，高等教育机会准备费用是今后需要进一步深入研究的课题。

（二）高等教育个人费用的计算方法

高等教育投资所需费用和购买其他商品的费用之间有所不同，最大的不同之处在于支付形式。高等教育投资费用的支出不是一次性而是在整个接受高等教育期间定期分次支付，就像现在购买商品房时的分期付款。因此，这种非一次性支出的费用在严格的经济学统计计算中需要折现。

所谓折现，通俗地说就是把将来的钱或过去的钱按照一定比率换算成现在的钱的价值。显然今年的 100 元钱和 10 年后的 100 元钱根本不同。所以，严格说来，两者根本不能简单相加，必须采用某种折算率折算之后才能相加。高等教育费用的贴现法可以使用公式 2.4 表示，这实际上就是上述内部收益率计算公式 2.1 的左半边。

$$C_{\mathrm{PV}} = \sum_{t=19}^{22} \frac{C_t}{(1+\gamma)^{t-19}} \quad\quad\quad (2.4)$$

在公式 2.4 中，C_{PV} 为个人的高等教育费用的现在价值；t 为个人接受高等教育的时间；C_t 为 t 年的高等教育费用，仅仅包括直接费用；r 则为高等教育费用折现率。

（三）个人的高等教育收益

个人的高等教育经济收益就是高等教育毕业生和高中毕业生的税后工资差。即使是同一高校同一专业的毕业生，不同毕业生个人的收益也不会完全相同。经济学对个人高等教育收益的计算也需要折现之后进行。

1. 个人高等教育收益的组成部分

对于大部分接受教育尤其是高等教育的人来说，他们毕业后都会作为雇佣劳动者，从事一份接受固定工资的工作，这个工资有可能是周薪、月薪或者年薪。简而言之，雇佣工资是这部分人的主要经济收入来源。因此，高等教育毕业生和高中毕业生的税后工资差就是个人的高等教育经济收益。计算高等教育个人经济收益有两种基本指标：起薪差和生涯工资收入差。在严格的经济学计算中，经济学家往往使用生涯工资收入差。

2. 个人高等教育收益的计算方法

和高等教育费用一样，高等教育收益也不是在一个时间点全部发生的，而是在一个相对更为长期的过程中逐渐发生的。所以，也必须采用某种折算率进行折算后，才能对之进行统计计算。个人高等教育收益折现后的计算可使用公式 2.5 表示，这是内部收益率计算公式 2.1 的右半边。

$$B_{\mathrm{PV}}=\sum_{t=23}^{60}\frac{B_t}{(1+\gamma)^{t-19}} \tag{2.5}$$

在公式 2.5 中，B_{PV} 为高等教育个人收益的现在价值，19 为进入高等教育学习的年龄，则 $t-19$ 为高等教育入学后的时间，B_t 为 t 年的高等教育个人收益，即高等教育毕业生和高中教育毕业生的个人税后工资差，很显然，大学期间 B 为负值。γ 为高等教育收益贴现率。

（四）高等教育的个人收益率

在利用折现法计算出高等教育的费用和收益之后，就可以利用公式 2.1 来计算个人的高等教育内部收益率。如前所述，教育的内部收益率就是运用贴现法把教育费用和教育收益变成相等于现在价值时的贴现率。把公式 2.4 和公式 2.5 用等号连接起来就是公式 2.1。其中使高等教育费用和收益现值相等的贴现率 γ 就是高等教育的内部收益率。虽然这是一个高次方程，但是利用 Excel 表格的计算程序可以简单进行计算。

还有一点需要注意的就是，公式 2.1 在计算高等教育个人收益率时，所采用的高等教育费用和收益的贴现的基期为高等教育在学的一年级，这说明这个公式在计算时，明显是把大学升学看成了个人投资的选择行为，收益率就是影响投资抉择的重要因素。

第三节　高等教育收益率

高等教育收益率的大小是个人升学选择，也是社会尤其是政府对高等教育进行合理规划和有效财政投资的重要理论依据。为此，自从明塞尔和贝克尔在微观经济学的基础上，开发了比较科学的教育收益率的计算方法之后，很多教育经济学研究者就开始直接利用他们的公式或对他们的公式稍微加以改进之后，衡量世界不同国家、不同时期、不同层次和不同类型（主要是高等教育）的教育收益率，其中以萨卡洛普洛斯的努力和学术贡献最为突出。经过众多研究者的共同努力，发现了高等教育收益率具有一些基本特征，并从中推导出非常具有启发性的政策意义。

一、高等教育收益率的基本特征

高等教育收益率的基本特征体现在四个方面的差异上：高等教育个人收益率和一般资本投资收益率之间的差异、高等教育的个体收益率和社会收益率之间的差异、高等和初中等教育个人收益率之间的差异、高等教育不同专业个人收益率之间的差异。当然，这些差异均具有一定的时空特性，即在不同国家或地区、不同时代会有所差异。

（一）个人收益率和一般资本投资收益率的差异

人力资本理论把花费在高等教育上的费用看作投资，并认为高等教育投资会获得相应收益。既然人力资本投资也是投资，在对利益回报的追求上和物质资本就没有本质差异。这样，一个个人或社会在资本总量既定的情况下，是投资于人力资源生产还是投资于其他方面的社会生产就存在着一个关键性的投资抉择。这个投资抉择就通过比较人力资本投资和其他资本投资的收益率来决定。衡量其他资本投资收益率的一个数量标准是该国银行长期存款利率，一般以一年定期存款为标准。

不同研究者通过对不同国家或地区的高等教育收益率进行计算后发现，虽然不同国家的高等教育的个人收益率有所不同，但是都远远高于该国的银行长期定期存款利率。这说明高等教育对于个人来说具有较高的投资价值。在这种情况下，个人投资高等教育的欲望比较高。与此相适应，政府应该及时采取一些措施，比如扩大高教规模，以保证高等教育的供给。

（二）个人收益率和社会收益率的差异

高等教育的个人收益率和社会收益率孰大孰小并没有一致的定论。总体而言，发达国家的社会收益率即使不高于个人收益率，两者也比较接近。发展中国家的个人收益率要远远高于社会收益率。在发达国家内部也不一致，对高等教育补贴较多的国家，如北欧国家等，则个人收益率普遍较高，社会收益率相对较低。

一般认为产生这种现象的主要原因有两个：第一，社会收益率低和个人收益率高的国家往往政府对高等教育的财政补贴较高，很多国家甚至实行的是无偿高等教育制度。这一解释无论是对发达国家还是发展中国家都合适。第二，在很多发展中国家，虽然政府为了保证发展经济的高级人才，采取了优先发展高等教育制度的政策，对高等教育进行了大量的财政补贴，但是因为个人税收制度极端不完善，所以，对高等教育毕业生征收的个人收入所得税并不高，造成这些国家的高等教育社会收益率很低。

高等教育的个人收益率和社会收益率的差异是高等教育费用实行个人和社会分担原则的理论基础，因而也是各国制定高等教育学费政策和提高学费水平的理论基础，同时也是政府决定高等教育财政投资规模的基础，如果某种类型的高等教育的社会收益率已经很低，则说明对其进行进一步的财政投资已经不存在社会经济价值。

（三）高等和初中等教育个人收益率的差异

高等教育和初中等教育的个人收益率之间也有明显的国家间差异。一般而言，中等教育的收益率最高。在发达国家，因文盲数量较少难以采集比较对象，往往缺乏初等教育收益率数据，不过，中等教育和高等教育的个人收益率比较接近。在发展中国家，高等教育个人收益率远远高于初中等教育的个人收益率。具体原因如上所述。

（四）高等教育不同专业个人收益率的差异

高等教育不同专业个人收益率的差异也是研究的领域之一，尤其在美国这类研究比较多。根据美国研究者的研究结果，一般说来，理工科个人收益率要高于人文社会学科。一些热门学科，如医学、金融、工商管理和法律等，也明显高于其他基础学科。但是在其他国家如日本，却没有发现不同学科之间个人收益率的明显差异。这极有可能由于不同国家大学毕业生劳动力市场的结构不同。

二、高等教育收益率计算的政策意义

从教育经济学作为独立学科确立至今，有相当多的学者致力于教育尤其是高等教育收益率的计算。众多学者之所以致力于包括高等教育在内的各级各类教育的收益率计算是因为教育收益率计算具有非常重要的现实政策意义。准确的教育收益率能够为相关教育政策在决策时提供较为科学的理论依据。高等教育收益率宏观上能够预测一个国家的专业人才的人力资源供求关系，为个人升学选择提供参考和为各级政府制定高等教育发展规划及财政投资提供指导。

对于个人即准备升入高等教育学习的高考学生及其家长来说，较为精确的高等教育收益率计算可以提供高等教育类型及其不同专业的社会需求状况，避免选择那些个人收益率已经降到很低水平的高等教育类型或专业。高等教育个人收益率对个人升学行为的这种引导最终会有利于宏观社会资源的合理配置。

对于社会来说，较为精确的高等教育收益率计算可以提供高等教育和不同专业的社会供求状况，提醒政府应该积极扩大哪些层次和类型的高等教育规模，同时应该控制哪些层次和类型的高等教育规模，可以帮助政府调整高等教育财政投资的方向。如果某些高校或专业的个人收益率和社会收益率最近多年已经很低，那么就说明社会对这类专业的需求已经趋于饱和，作为政府不能再把有限的财政资金投资于这些类型的高等教育。

正因为高等教育收益率的这些重要功能，所以很多国家的政府或者政府下属的研究机构都会发布年度相关报告，一些国际机构也会定期发布高等教育收益率计算的相关成果。

第三章　高等教育与经济发展

第一节　教育投入促进经济发展的理论分析

一、教育投入促进经济发展的重要理论支撑

经济增长问题历来受到高度重视，不仅吸引了宏观经济学领域学者的关注，即便是其他一些经济学科的分支也很难回避经济增长的问题，只不过不同领域的学者研究这一问题的角度不同。例如，人们为了解开经济增长之谜，寻找经济增长的源泉，逐渐将目光聚焦到了人力资本就是一个有力的证据，谈到经济增长、追寻其源泉时，不得不谈及人力资本。因此，人力资本理论、经济增长理论以及与二者皆密切相关的外部性理论，正是本文研究的重要理论基础。

（一）人力资本理论及其对本研究的支撑作用

1. 人力资本概念界定与人力资本的形成

按照经济学的惯例，劳动力作为生产要素可称之为"人力资本"，这里的"人力资本"与管理学中提及的"人力资源"有着实质性的区别。同样是劳动者，如果人们只是将其看作资源，往往会忽视对他们价值的增殖，因为资源本身不创造价值，它只是将自身的价值转移到特定的商品之中。例如，对单个企业来说，它更关心的是如何在众多的求职者中雇佣到适合自身需要的劳动者，而不是从整体上规划如何去提高劳动者的素质。因为劳动者素质的提高需要投入必要的教育、培训和健康投入，而这种教育和培训费用的支出具有正的外部效应，当受过教育和培训的劳动者自由流动、流入到其他企业时，进行该项投入的企业可能难以获

得相应回报。相反，在经济学的视野中，劳动被当作一种资本，而不是资源，资本具有增殖的特征。根据马克思政治经济学精神，人力资本不仅本身具有价值，而且它还可以创造出超过自身价值的价值。因此，本文在严格意义上使用"人力资本"这一概念。

欧文·费雪最早提出了人力资本概念，将物质资本和人力资本并列。被誉为人力资本之父的舒尔茨详细阐述了人力资本的资本属性，列出了人力资本形成的主要路径。人力资本主要是人的体力和脑力等构成的资本。因此，与管理学中的人力资源不同的是，经济学中的"人力资本"可以看作依附在脑力劳动和体力劳动者身上的非物质资本。马克思在劳动价值论中，曾将劳动分为"物化劳动"和"活劳动"。这里"人力资本"就是一种"活劳动"，是一种可以创造价值的劳动，而且是一种"可以创造比自身价值更大价值的活劳动"。既然人力资本是一种"活劳动"，那么它只能依附在人的身体中，表现为人的体能和智能。

正如马克思在资本论中论述劳动力的再生产一样，人力资本的形成也是由维持和再生产其费用决定的，这些费用最重要的就是教育费用。当然还包括其他必需的费用，例如维持生存、保健、迁移等支出。摆脱了封建社会束缚后，劳动者成为没有人身依附的自由人。此外，人力资本的价值还与所有者的智力水平、学习能力，以及悟性等因素密切相关。教育和训练可以使劳动者的生产能力产生差异，这很早就引起了很多学者的关注。根据舒尔茨（1960）等人的研究，关于人力资本的形成路径，除了医疗、保健、迁移支出等，最主要的就是教育支出，包括在职人员培训、各种学历教育等。

2. 人力资本理论的发展脉络

（1）人力资本理论的渊源

在社会经济活动中，将人作为资本来讨论的渊源可以追溯到很早的古希腊文明时代，伟大的思想家柏拉图就对教育与技术培训的作用进行了分析。柏拉图认为："教育和训练能够有效地提升个人的先天能力，当这种提高了先天能力的人们从事生产活动时可以增加更多的经济效益"（Arora，2001）。但真正将这种教育和培训的投入对生产力的作用联系起来并加以研究，则是古典经济学开创的。早期的重农主义代表人物奎奈，从批判当时占统治地位的重商主义立场出发，强调了人在经济增长中的核心作用。他的结论是："国家财富构成的关键是人才。"

威廉·配弟是公认的古典经济学家，他提出的"土地是财富之母，劳动是财富之父"，影响深远。就教育经济学随后发展的历程看，当年威廉·配弟关于教育投资主体的研究具有超前性。他是最早将教育认定为公共产品的经济学家，尽管当时"公共产品"的概念尚未问世，但他能够果断地提出"教育是国家的公共事务"。这就意味着教育投资应该纳入政府的财政预算，这在当今时代仍然成立，并被广泛运用。威廉·配弟还尝试着将教育投入与产出进行量化研究。他曾将海员和农民的生产率做对比。在他看来，海员必须经过严格而痛苦的训练方能胜任自己的职责，因此海员和农民的价值相比应该是 3:1，即一个海员创造的价值等于三个农民。当然，海员与农夫的价值比例究竟是 3:1 还是 4:1 并不重要，重要的是前者因接受了教育培训费用，其物化劳动具有更高的价值。

在此基础上，亚当·斯密和大卫·李嘉图做了进一步发展，逐步将劳动者蕴含的人力价值正式视为资本。在亚当·斯密的《国富论》中，固定资本包含四项内容，其中一项就是劳动者所具有的技能，并进一步指出，技能的获得需要教育，而受到教育可以通过学校或者学徒，这些都是要支付费用的，即教育费用。劳动者一旦具备了某种技能，这种技能就会成为他个人财产的一部分，同时也是社会财产的一部分，他学习所支付的费用会在今后的劳动报酬中得到补偿，因为它创造的利润要远大于没有受过教育和培训的劳动者。亚当·斯密最著名的贡献之一就是分工可以提高劳动生产率的论断。其实，当年亚当·斯密在讨论分工的重要性时，更看重的是对劳动者的教育和培训。"要增加一国的财富，没有其他办法，只能靠增加生产性劳动者的人数，同时进行分工和提高劳动者的技能和素质"，"受过教育有智力的人们，常常比无知和愚昧的人更守秩序和懂礼节。受过教育的人不容易接受狂热的迷信和欺骗，从而为良好的社会秩序奠定基础"。当然，受过教育的劳动者会有更高的劳动生产率。

根据亚当·斯密和大卫·李嘉图的劳动价值论，劳动被区分为直接劳动和间接劳动，前者创造价值，后者则只是将价值转移到商品和劳务中去。大卫·李嘉图在劳动价值论的基础上更加准确地说明了人力资本的作用。在他看来，"机器等物质资本只是将自身的价值（生产这些机器时所消耗的劳动量）转移到商品中，其本身并没有增加新的价值，只有生产过程中的直接劳动才创造新的价值，投入的劳动越多创造的价值越大。增加劳动量的投入会导致经济的增长，但提高劳动的质量更会显著促进经济增长"。

在古典经济学基础上发展起来的马克思主义经济学更为深刻地揭示了劳动的资本属性。马克思在论述社会再生产的分析中指出了教育的重要性。他指出："劳动能力是存在于人体之中的体力和脑力总和。劳动者要获得技能和技巧需要教育训练。"马克思还进一步提出，劳动具有简单劳动和复杂劳动之分，比社会一般平均劳动高出百倍的复杂劳动需要相应的教育和培训，经过教育和培训的劳动者方能掌握一定的知识、技能和技巧。因此复杂劳动所生产的商品其价值要远大于简单劳动制造的商品价值。需要说明的是，在古典经济学的分析中，生产劳动特指的只是体力劳动。对此，德国的历史学学派不予认同。李斯特（1841）等从经济史的角度研究了教育在经济发展中的作用，认为只是将体力劳动者看作生产性的，从而对经济增长有正的效应，是十分荒谬的。难道牛顿等类的科学家还不及一个普通的工人对价值创造的贡献大吗？历史学派的学者们主张将资本分为"物质资本"和"精神资本"。"精神资本"同样参与社会经济活动，并创造价值。现今社会的发展是"以往社会一切发现、发明、改进和努力等积累的精神资本的结果"。李斯特曾有一段名言："一个国家最大的消耗是用于下一代的教育支出，用于未来生产力的储备。"马歇尔在考察人力资本的问题时明确指出了教育投资对经济增长的贡献："如果人的智力能够得到全面开发，就能够为劳动者带来更多的就业机会。"他提出，"在人类社会已有的投资中，最具价值的投资就是人本身投资。对人的投资，就如同生产过程中的发动机，正是这个发动机为经济发展提供动力，而且是最强劲的动力"。马歇尔的一句名言是："知识作为核心的资本组成要素，是最强有力的生产力。"古典经济学家这些精辟的论断即使在今天也具有较强的现实指导意义，而且已经被国内外经济发展实践所验证。

（2）人力资本理论体系的正式建立

20世纪50年代以后，新古典经济学的增长理论遇到了前所未有的挑战。它的增长模型中，技术进步被作为一个外生的变量，从而是一个给定的常数，因此难以解释在资本边际收益递减的情况下，为什么发达的资本主义国家人均产出率是递增的。传统的增长理论认为高储蓄率、高资本投入（物质资本）是经济增长的源泉，但库兹涅茨的研究表明，美国出口的产品并不是资本密集型产品，而是劳动密集型商品支撑了美国大规模国际贸易的增长。而且，这期间工人的工作时间在缩短，工资却在增长（劳动的投入也在减少），这就意味着，在没有大规模资本投入的情况下，美国的经济增长仍然是成立的。库兹涅茨的发现被学术界定为"库兹涅茨之谜"。新古典经济学的困境迫切要求经济学家从一个新的视角解释经济增长之谜。人力资本理论的出现正是这方面的重要尝试。

诺贝尔经济学奖获得者舒尔茨教授是学术界公认的第一个提出人力资本理论的学者。舒尔茨教授提出人力资本理论的直接原因就是，仅依靠自然资源和劳动的投入已经不能合理解释生产力是如何发展的了。在他看来仅依赖旧的生产要素已经不能解释当前的经济发展，必须实质性地提升劳动者素质，在更大的范围里替代原有的生产要素。在 20 世纪 60 年代美国的一次经济学年会上，舒尔茨第一次系统地推出了他的人力资本理论。舒尔茨的研究指出，人力资本就是劳动者所具有的知识、能力和技能的总和。"人的知识、能力、健康等人力资本的提高对经济增长的贡献远比物质、劳动力数量的增加重要得多""改善穷人的福利之关键因素不是空间、能源和耕地，而是提高人口质量和提高知识水平"。

与舒尔茨教授的宏观分析视角不同的是，贝克尔则从微观的角度研究了家庭与个人在人力资本投资上的行为。典型的微观经济学成本 – 收益分析方法，使得贝克尔得出了"决定个人和家庭教育投资量的最重要因素就是投资的收益率"。他给出的人力资本投资模型（加入了时间分配和决策选择等变量）的均衡条件是："人力资本的边际成本的当前价值等于未来收益的当前价值。"在加里·贝克尔建立的"年龄 – 收入"的几何图形中，教育投资的回报得到了形象的描述，个人收入与受教育程度成正比，与劳动者的年龄成倒 U 形关系，即在缺乏教育经历和经验的年龄段收入较低，中年时段收入达到峰值，进入老年开始下降。学术界对加里·贝克尔的研究给予了充分肯定，他的努力具有开创性，为后来的人力资本理论发展奠定了基础。

贝克尔的模型启发了明塞尔，后者对人力资本的收益进行了定量研究。1970年明塞尔出版了他的《职业培训、成本、收益》一书。在他的著作中，明塞尔给出了自己的模型，即人力资本的生命周期收入模型。通过模型的计量，明塞尔认为个人的一生中虽然收入总体是上升的，但在不同的时期还是有明显差异的，从整个生命周期考察变动的轨迹会呈倒 U 形（Mincer，1974）。

继舒尔茨和贝克尔两位大师之后，在人力资本研究领域，宇泽弘文（Uzawa，1965）首先提出了人力资本模型。根据宇泽弘文的模型，社会资源的一部分配置到教育机构，由教育机构通过对人才的培养使得生产部门技术能力得以提高。在宇泽弘文之后还有一些经济学家建立了自己的模型，但以后的模型都离不开宇泽弘文模型的影响，以至于他这个模型的缺陷也干扰着后来者的思路。例如，在宇泽弘文的模型中，经济增长取决于人口增长的结论就让一些学者进入误区。

在宇泽弘文之后，著名经济学家罗默和阿罗，分别创建了在宏观经济学领域里著名的"知识积累"和"干中学"经济增长模型。《收益递增与经济增长》是罗默 1986 年发表的论文（Romer，1986），在这篇著名的学术论文中，罗默使用了两个模型，即"两部门"和"两时期"模型。罗默认为经济增长主要的源泉是人力资本，并提出了"内生技术变化模型"（Romer，1990）。罗默的研究结论可以概括为，"一国或地区经济增长率与部门的生产效率成正比，而部门的生产效率与人力资本的存量成正比""与人口的规模没有必然联系"。由此，他给出的政策含义是，"要保持经济的增长，就必须提高人力资本积累的存量，加大对研发部门的投入"。

（3）对人力资本理论发展的述评

在经济学领域，将人作为资本进行深入研究经历了一个漫长的过程。尽管古典经济学已经意识到人对经济增长的作用，但当时在对经济增长研究过程中，人力资本并未得到充分的注意，相反，由于科学技术发展的滞后，使得劳动力供应、资本积累等都在当时的条件下成为古典经济学家重点关注的对象。因此，由于时代的局限性，在那个时期"人力资本"尚未能进入经济学研究的主流。

进入上个世纪中期以后，虽然经济学领域出现了专门研究"人力资本"的分支，但对主流经济学派来说，"人力资本"还不能被作为资本分析。也就是说，劳动在生产过程中的功能还是不能与物质资本同日而语，人们还只是将劳动者看作"人力资源"，是和土地、物质资本并列为生产要素。借用威廉·配第的一句名言，就是"劳动是财富之父，土地乃财富之母"。

随着社会生产技术的进步，人的作用越来越大，由此引起了一些经济学家的关注。通过文献的梳理，作者发现学术界对"人力资本"的研究视角遵循着"先宏观，后微观"的路径。这是因为，"人力资本"的研究是由解说"增长之谜"开始的。我们知道，增长理论关注的总收入、总投资等宏观变量的关系。国别研究的对比使得经济学家必须解释一个难题，即为什么在总投资、总收入、总储蓄等要素相同的情况下，不同国家的增长速度大不一样，究竟是什么原因引发了这些国家增长速度的差异？同时传统的经济学遇到了资本边际收益递减的困扰。为走出困境，西方发达国家的一些经济学家开始了对人力资本的研究。20世纪60年代，舒尔茨教授对人力资本的研究做出了重要贡献，正是他的研究促使了主流经济学家们慢慢地注意到了人力资本对于解释经济增长是多么的重要。今天我们已经习以为常的"内生增长模型"，正是将人力资本经过内生化改造，才使得新经济增长理论成为解释"增长之谜"的锐利武器（Schultz，1963）。正如罗默和卢卡斯总结的那样，"人力资本不仅仅具有普通生产要素的内生作用，它同时还能够使得其他生产要素具有更高的生产率"。人力资本作为推动经济增长的主要动力之一，它突出的特征是不会像物质资本那样呈现出边际报酬递减的趋势，相反人力资本的投资不仅会给它的所有者带来丰厚的回报，而且会产生一定的外部效应（Romer，1986；Lucas，1988）。特别是卢卡斯教授的实证研究为人力资本理论的研究走入更高的阶段功不可没（李建民，1999）。

由于我国现代市场经济及其体制的发育和确立较晚，在最近二三十年，我国劳动力的商品属性及其资本化以及人力资本作为基本市场要素的地位和作用才得到确认，因此，人力资本理论在我国的研究发展较西方发达国家要滞后数十年。而且，在西方发达国家已经遇到了资本边际收益递减困扰的时候，我国还处在工业化的早期阶段，人力资本理论发展缺乏实践需要和经济社会条件。和早期资本主义工业化一样，当时我国要解决的主要矛盾是资本积累和大规模劳动投入。经过40年多的改革开放，我国的工业化过程快速推进。目前，人力资本的重要性已被我国学术界广泛地认为是推动经济增长的重要源泉和主要动力。特别是20世纪90年代以后，我国学者在研究中集中了大量的精力探讨了我国人力资本的存量。例如，李海峥使用预期收入法测算了 1985—2007 年我国人力资本年度总量。我们知道，使用预期收入测算人力资本量对原始数据的要求非常苛刻。由于数据的可得性，李海峥的研究结果还是缺少足够的说服力，但这并不妨碍他在这一领域的开拓性贡献。用投资成本法计算我国人力资本的存量虽然比预期收入法容易获得数据，但遇到的难题是究竟哪些是用于消费，哪些是用于投资，如果这些投资不能准确区分，就会低估人力资本存量水平。为解决这一难题，有更多的学者开始尝试用教育投入测算我国的人力资本存量。

（4）人力资本理论对本书的理论支撑

本节从教育投入入手，最终目的在于揭示我国经济发展。从教育投入到社会财富的增长，这个过程中最重要的环节就是人力资本所发挥的重要作用。当我们谈到一个国家经济的增长，讨论一国经济的技术进步，研究各个领域的技术创新的时候，其实都不可避免地会涉及人力资本。例如，教育投入本身只是一种手段，它自身不仅不会创造财富，反而会消耗已有的资源。例如，人们为提高自身人力资本的价值，不仅要支付一定的教育费用，而且还要付出机会成本。所以教育投入不可能像其他商品一样，产生"即时"收益，并进行严格的成本核算。但是，没有教育投入这个手段，人力资本的形成就会变得极为缓慢。

按照马克思主义政治经济学中生产力决定生产关系的理论，生产力是推动社会进步的终极因素，而在生产力的各个要素中，劳动者是关键的、最为活跃的因素。其实，这里说的劳动者就是后来学者们定义的人力资本。当教育投入形成劳动者的脑力和体力之后，这些具有更高素质的劳动者（人力资本）不仅会给自己带来更高的收益，更会通过他们的知识"外溢"产生强大的"外部效应"。这正是为什么家庭对教育投入高度认可的原因所在。

正是因为教育投入对一个国家具有强大正的"外部效应"，所以大多数国家政府在教育投入上不敢松懈。我国在制定了教育改革发展中长期规划后，教育投入有了显著的提高。因为教育投入是形成高质量人力资本的手段，与经济发展的两大维度经济增长和收入分配均紧密相关。

（二）经济增长理论及其对本研究的启示

经济增长，顾名思义是指人类社会创造的财富（产品和劳务）在给定的时期内按照一定的比例持续增加的情景。通常这种增长的计量可以用国内生产总值（GDP），或国民生产总值（GNP）来测算。当然，按照研究的需要，既可以观测增长总量，也可以是一个经济体的相对量，例如人均 GDP 或人均 GNP。此外，在考察一国经济的增长时，不但要观测其特定时期最终商品和劳务的实际产出，还需要观察它的生产可能性的实现能力。萨缪尔森的著作《经济学》中对经济增长给出的定义就是"经济增长说的是一国潜在的生产能力实现的程度，或者说生产可能性曲线向外移动时就是经济增长"。

在宏观经济学的分类中，增长理论是其最主要的分支。无论是古典经济学，还是马克思主义经济学，乃至后来的新古典经济学、凯恩斯主义学派、新自由主义学派等，都有其关于增长理论的学说。亚当·斯密关于"分工促进经济增长"的经典论断长期影响着后来的经济学家。马克思两大部类的再生产理论则是经济学中关于经济增长理论的典范。马尔萨斯的人口原理也从一个侧面考察了社会经济增长的问题。然而，早期的增长理论重点关注的是资本和劳动的投入，而对今天人们公认的技术进步未能给予应有的重视。19 世纪后期，"边际革命""一般均衡"等分析方法的出现标志着古典经济学发展到了一个新的阶段，20 世纪初期 Young Alwyn 发表了一篇具有重大影响的论文《收益递增与经济进步》。在这篇论文中，他在对已有经济增长理论进行系统梳理的基础上，他指出经济增长理论需要解释的两个重要问题，一个问题是，一个国家或地区为什么会出现贫富差距扩大？另一个问题是，在经济发展的不同阶段，能够实现持续增长的根源或者说关键因素到底是什么。

无论是主张自由放任的古典经济学，乃至后来的新古典经济学，还是力推政府干预的凯恩斯学派，均不约而同地遇到了一个看似不可克服的难题，即由于存在资本收益边际递减，虽然加大资本投入可以增加产出，但追加单位资本带来的增加值（边际收益）是递减的，而且这种递减一定会减到 0，甚至成为负数。就在早期西方经济学走入死胡同的时候，经济学家提出了"新经济增长理论"。

由于传统的经济增长模型关注的仅仅是资本和劳动两个变量，而把技术创新看作一个不变的常量，于是经济增长的因素难以得到完全令人信服的解释。例如，在资本和劳动投入没有明显追加的情况下，经济总量却出现了明显的增长。为此，新古典经济学的代表人物索罗（Solow，1956）提出用技术进步来解释以往模型中剩余的部分。当他认识到技术进步对解释以往增长模型剩余部分的作用时，其实也就意识到了教育对解释剩余部分的功能。罗默和卢卡斯是学术界公认的"新经济增长理论"的创始人，直接将教育投入引发的人力资本提高看作一个经济体内生的经济变量，从而使经济增长理论从资本边际收益递减的困境中走了出来。本文将沿着历史的先后逻辑对已有的增长理论进行梳理。

1. 古典经济学的增长理论：资本决定论

自人类社会出现了国家这种组织形式后，关于经济增长的思想就逐渐引起思想家们的关注。作为古典经济学家的代表，从亚当·斯密开始，经济增长，或称之为国民财富的增加就成为经济学研究的一个重课题。亚当·斯密在18世纪70年代末期出版的《国民财富的性质和原因的研究》一书中，对一国财富的论述是"每年消费的全部生活必需品和便利品"，并且认定财富的来源是一国所投入的劳动总和。至于经济增长的途径，亚当·斯密认为"有两种方法可以增加一个国家土地和劳动的年产品的价值，首先是增加一国生产性的劳动数量，其次是提高生产性劳动者的效率"。亚当·斯密隐含的前提是，增加生产性劳动必须先增加资本的投入。在这里，亚当·斯密认为，经济增长的源泉就是劳动和资本的投入（Adam，1776）。"交换引起分工，分工的前提是资本积累"是亚当·斯密经济思想的核心内容，而这个核心内容实现的基础就是物质资本的积累，资本积累规模越大，劳动的分工就可以越细。"资本积累的原因来自节俭，消费得过了头就不可能有多余资本沉淀，资本减少的原因是奢侈与妄为。"总之，亚当·斯密一生极力强调资本和劳动的作用，对整个经济增长理论产生了重大影响，特别是他关于生产性劳动的定义，为以后增长理论的研究聚焦于实际生产领域功不可没。

在古典经济学的增长理论中，由于劳动价值论的奠定，人口变量被经济学家广为关注。这里最具代表性的是马尔萨斯的人口理论。根据马尔萨斯的解释，人口的增长会以几何级数发生，而生活资料的增加赶不上人口增长的规模，于是就必须有一种强制力来保持人口与生活资料之间的平衡。"罪恶与贫困，战争与瘟疫就是这种外界的强制力。"马尔萨斯的人口理论意味着生活资料与人口增长之间必须保持平衡，在这种平衡下，生活资料都被用来消费，根本不可能出现资本积累，那么亚当·斯密所推崇的资本积累对经济增长的作用就无从谈起。由于马尔萨斯没有考虑到技术进步对财富增长的作用，因此他的理论具有局限性。但是，马尔萨斯关于人口变量是经济增长重要因素的思想，对后来的经济增长理论起到了积极的促进作用。

大卫·李嘉图从分配而非生产的角度对经济增长问题做了深入研究。大卫·李嘉图是古典经济学的集大成者，也是亚当·斯密的主要学术继承人。他沿着亚当·斯密的路径对国民财富的增长做了进一步的研究。他的研究思路与其前辈不同，他不是从生产，而是从分配的角度入手，即土地得到地租，资本得到利润，劳动获取工资。大卫·李嘉图对古典经济学增长理论的主要贡献是：一是分析了人口、粮食和经济增长的关系。在他的分析中，粮食的价格是由劣等土地粮食的价格决定的，在这里他最早意识到了边际成本的定价机制。他主张人口的增长要与经济的增长保持平衡，但他不同意抑制人口的力量来自"罪恶与贫困，战争与瘟疫"等因素。他认为在土地收益递减规律的作用下，农产品价格的上升会引起工资的上涨，从而在减少资本的利润同时促进了人口的增长，而利润的减少会降低资本积累的意愿，于是反过来会降低工人的工资，减少人口的增加。大卫·李嘉图在增长理论中的第二个贡献是，论证了国际贸易对经济增长的促进作用。众所周知，大卫·李嘉图主张不受政府干预的在比较优势原则指导下的自由贸易。所有的国家都在"相对比较优势"的指导下，彼此贸易，从而使各自的资源得到最优配置。通过国际贸易，各国都发挥自己的优势，不仅增加了自己的财富，而且在世界范围内生活必需品会变得更便宜，从而避免了因工资的上升挤压利润导致增长速度降低的困境。但是，李嘉图的增长理论有着明显的缺陷。他从收入分配出发，推断出在土地收益递减会引起农产品价格上升，农产品价格上升又会导致工资的上升，这里无论是地租还是工资的上升都会增大资本家的成本，从而减少资本的利润。资本利润率的下降会使得资本家失去资本积累的激励，进而使经济增长停滞。显然，在李嘉图的增长理论中，得出的结论是悲观的。

与李嘉图从土地收益递减得出的悲观理论不同的是，马歇尔认为工业资本产生的报酬递增会远远超过农业资本（包括土地）的报酬递减，因此经济的增长不会受到阻碍。在这里，尽管马歇尔没有探寻到经济增长的源泉，但他的预测还是积极的。事实上，后面的分析会发现，如果技术进步的因素被考虑进来，无论是工业资本，还是农业资本，都会摆脱资本收益率递减的困境。

综上所述，古典经济学的增长理论突出强调的是资本与劳动的重要性，并且认为是国民财富的唯一源泉。尽管古典经济学家在讨论增长理论时没有使用后来者经常使用的数学模型，但由于涉及经济增长的几乎所有环节，已经对整个经济增长理论的发展打下了理论基础。通过梳理经济学说史的文献，我们发现从 19 世纪中叶到第二次世界大战结束近 100 年的期间，学术界在经济增长理论研究领域几乎停滞不前，直到 20 世纪 50 年代之后。从战争中苏醒后，经济增长这一话题又受到高度重视，并逐步走出传统的分配理论、价值理论和资源配置的分析框。哈罗德－多马模型就是一个标志性事件。

在经济学说史上，大家公认的是哈罗德－多马模型开创了主流经济学对经济增长理论研究的开端。在他们的模型中，隐藏在古典经济学增长理论中的精华得以发掘和完善。例如，斯密的资本积累、李嘉图的资本积累动因、马尔萨斯的人口增长，以及马歇尔资本产出和凯恩斯的需求理论均为哈罗德－多马经济增长模型的建立做出了重大贡献。

众所周知，20 世纪 30 年代以美国为首的发达资本主义国家陷入了有史以来最大的经济危机，自由放任的资本主义市场经济受到了空前的挑战。一些古典经济学家开始反思以往奉为信条的"看不见的手"的正确性，最典型的代表就是"凯恩斯革命"。然而，凯恩斯的宏观经济学在很大程度上还是一种"应急的药方"，从本质上说还是具有短期的应急特征。但是，凯恩斯对现代西方宏观经济学的建立是功不可没的，在他之前的古典经济学家，例如马歇尔、熊彼特等并没有将研究的重点置于经济增长，而是侧重于价值理论和分配理论，但这些古老的理论在"大萧条"到来时，面对总需求远低于总供给束手无策，而此时凯恩斯的总量分析显示出了它的生命力。

众所周知，凯恩斯的 $I=S$（需求决定理论）是短期和静态的，为克服凯恩斯理论的静态性和短期性，早年凯恩斯的合作者哈罗德教授为完善凯恩斯的总量分析，在他的《走向动态经济学》一书中提出了一个经济增长理论模型（哈罗德，1948）。几乎与此同时，美国经济学家多马也提出了自己的经济增长理论模型（多马，1947）。二人的模型无论是在结构上，还是得出的结论都极为相似，只是研究的路径稍有不同。这正是为什么后人将其归纳为"哈德罗－多马"模型。在他们的模型中给出了经济持续增长、充分就业所需要的条件。在经济学说史上他们的模型可以看作现代经济增长理论的确立，奠定了基本的理论框架。

哈罗德－多马模型有着极为苛刻的假定。首先，为了分析上的便利，他们假定全社会只生产单一产品，因此整个社会也就一个生产部门，这里的单一产品既可以用作投资的资本品，也可以用作生活的消费品，而且无论是从消费品转化为资本品，还是相反，都是无障碍的转换，不会在转换中出现损失。换句话说，宏观经济中的投资或消费都是可逆的，存量的调整不会付出代价。其次，他们还假定储蓄率是外生的。也就是说，一国微观主体的收入被分为当前消费和将来消费后，储蓄率即两者的比率。正是这个比率决定了一国经济增长的潜力，特别是抽象了外资的投入后，储蓄率就是一个国家经济增长的决定因素。在他们的模型中，假设一国国民的总储蓄 S 与国民总收入 Y 之间存在函数关系 $S=sY$。其中 S 代表边际储蓄倾向。他们模型中第三个假定是生产函数的系数是固定的。在他们的模型中，生产要素只有劳动 L 和资本 K，这两种生产要素的比例是固定的，因此他们不会考虑资本有机构成的变动问题。在这里，假定生产函数的系数不变实际上就排除了技术进步的因素。显然，劳动和资本之间的比例是不断变化的，而且二者是可以相互替代的，但哈罗德－多马模型用来分析长期的宏观经济增长问题，却做出了固定系数的假定，的确犯了一个致命的错误。哈罗德－多马模型的第四个假定是劳动的增长率是外生的，不受其他经济变量的左右。哈罗德－多马模型还假定没有规模经济，换句话说，单个产品的成本不会随着规模经济的变动发生变化。哈罗德－多马模型最后一个假定就是不存在折旧，没有技术进步。

哈罗德－多马模型提出后，在学术界引发了激烈的争论，其中批评的声音不绝于耳。持反对意见的学者认为，哈罗德－多马模型是"刀刃上的经济学"，因为它的稳定性需要太多且苛刻的条件。但是，哈罗德－多马模型的贡献也是显而易见的。首先这个模型需要的数据较少，具有较高的可操作性，便于使用和估算。其次，他们的模型克服了新古典增长理论短期化和静态分析的缺点，为新经济增长理论的确立奠定了理论基础。

如前所述，哈罗德－多马模型极为强调资本积累对一国经济增长的作用。尽管哈罗德－多马模型的提出是为了解决发达市场经济国家经济增长的难题，但实践表明他们的理论对后起的发展中国家也是适用的。例如，模型强调储蓄率（等同于投资）对增长的决定作用就与很多发展中国家的经济增长情况吻合，一些发展中国家正是通过高储蓄率、高投资、高产出实现了经济上的起飞。一些后起的国家正是借助这一理论，对本国宏观经济的调控完成了自己的工业化。在 20 世纪中叶，发展经济学领域的很多学者对哈罗德－多马模型表示赞同，甚至有人认为，"与其说哈罗德－多马模型适应发达的市场经济国家，不如说它更适应发展中国家的需要"，因为在发展中国家，普遍存在着因资本短缺制约着经济的增长。但随着时间的推移，人们开始怀疑哈罗德－多马模型究竟对发展中国家有多大的适用性，并对这种过分依靠投资推动的增长提出了质疑（谭崇台，2001）。我国的经济转型，结构调整，在很大程度上就是走出哈德罗－多马模型的困扰。

毋庸置疑的是，哈罗德－多马模型的缺陷也是有目共睹的，主要是过分强调资本积累的作用，忽视技术进步的力量。在哈罗德看来技术进步对经济增长的影响是可以忽略不计的（哈德罗，1948）。此外，他们的模型假定 $S=I$，即储蓄等于投资，也是不完全与实际经济生活相吻合。众所周知，储蓄能否全部转化为投资需要的条件很多，这里不仅要顾及到利率是否有足够的弹性，而且还会受到收入分配制度、消费者的心理预期等多种因素的影响。在已有的文献中，有很多经济学家讨论了储蓄转化为投资的必要条件。鉴于这些研究与本文的目的并无直接联系，故不再赘述。

2. 新古典经济学的增长理论：索罗模型

针对哈德罗－多马模型的缺陷，20 世纪 50 年代以后，一些新古典经济学代表人物开始反思政府过度干预的问题，再次重视发挥市场机制作用。美国经济学家索洛（Robert Solow），澳大利亚经济学家斯旺（Swan）尖锐地指出，在哈德罗－多马模型中有保障的增长率与自然增长率之间存在着对立，其实就是由于这一理论的假定前提引发的，如果他们的假定是错误的，那么其结论也就是荒谬的了。"他们的模型最致命的缺陷就是排除了技术因素对经济增长的影响，因此这一模型不能用于研究长期的经济增长问题。"在经济学说史上，索洛的贡献是提出了新古典经济学的增长模型。在他的模型中既保留了古典经济学对市场机制的推崇，也吸收了凯恩斯主义关于政府干预的思想。

采用新古典经济学建立的生产函数理论，索洛和斯旺建立了新古典学派的经典的经济增长模型（Solow，1956，Swan，1956）。在他们模型中引入了技术进步的变量，从而对柯布 – 道格拉斯生产函数进行了延伸和拓展。正如上一节介绍的那样，在哈德罗看来"有保证的增长率"虽然是一种经济增长的理想状态，但却是只在偶然的情况下才能正好等于"自然增长率"。言外之意，这里的理想状态很难实现。经济要么处于长期的通货膨胀，要么陷入长期失业的困境。索洛不同意哈德罗悲观的结论，他认为哈德罗模型之所以陷入"刀刃上的平衡"的要害就在于他做出了生产系数是固定比例的假定。如果推翻这一假定，使资本和劳动可以相互替代，资本产出比就可以发生变化，从而一国经济就可以摆脱"刀刃上的平衡"的险境，就可以获得长期稳定的经济增长。

为解决哈德罗模型中技术不变，人均产出停滞的难题，索洛模型在生产函数中添加了科技这一关键变量（技术进步），由此他将传统的柯布 – 道格拉斯生产函数改写为：$Y=F（K，L，A）$。在索洛看来，现实生活中，技术进步对经济增长的贡献是可以测量的。在他的模型中，劳动与资本的增长率分别乘以其收入占总收入的份额就等于劳动与资本对于产出增长的贡献。但是，除了劳动和资本对经济增长的贡献外，技术进步对经济增长的贡献也是显而易见的，那么当三个要素（资本、劳动、技术）都对经济增长做出贡献时，人们知道了其中的两个变量的份额后，剩下来的就是技术对经济增长的贡献。将剩余的部分归功于技术进步是索洛的一大发现，人们也将这部分由于技术进步所产生的财富增长称之为"全要素生产率"，或称之为"索洛剩余"。

总体来说，与古典经济学的增长理论相比，新古典经济增长理论的一个重要变化或者说进步是，提出了技术进步是一国经济增长的源泉，这对于经济增长理论的发展至关重要。但是，新古典增长理论也存在缺陷，这就是在它的理论中，技术进步只是影响一国经济增长的外生变量。这就意味着，增长理论只要给定一个外部的技术进步就可以万事大吉，从而没有必要去深究这些技术进步是怎样获得的。新古典增长理论的这一缺陷为接下来的新增长理论的学者们提供了巨大的想象空间。

3. 新经济增长理论："内生性增长模型"

如前所述，在技术进步是一国经济增长的主要源泉这个前提明确以后，20世纪 80 年代晚期，一些经济学家开始探索技术进步就是怎么发生的这一重大问题。和早期的新古典增长理论相比，这些经济学家的研究更逼近了经济增长的实质问题。为了与更早的古典增长理论和随后的新古典增长理论进行区别，学术界将这些学者的研究成果定义为"新经济增长理论"。

与新古典增长理论相比较，新经济增长理论的典型特征是，在前者假定技术进步因素是外部已经给定的变量的时候，后者认为新古典的增长模型必须增加人力资本和知识积累的变量，而且技术进步的源泉是经济体内部产生的，所以新经济增长理论也被称之为"内生增长理论"。学术界目前公认的是最早将技术进步内生化尝试的是阿罗提出的"干中学"增长模型（Arrow，1962）。阿罗认为，知识来自私人部门研发创新的投入，但这种投入具有正的外部性，因为知识不能独享。由于正的外部性的存在，它就可以引起总体经济出现递增。阿罗的这一观点被后来的经济学家吸收进"内生增长理论"之中，例如"技术溢出效应"在罗默和卢卡斯的模型中均占有重要的地位。阿罗的生产函数可以表述为：$Y=F(K, L, A)$。其中，Y 代表一国经济的总产出；L 表示劳动，A 表示知识存量，它是投资的副产品，即在企业的投资活动中，随着不断实践，人们在"干中学"，经验的积累，会出现技术进步。根据阿罗的经济增长模型，他的生产函数其规模收益是递增的。

美国经济学家罗默教授 1986 年发表了著名的《递增收益和经济增长》学术论文。仅从论文的题目来看，罗默的意图就在于试图摆脱新古典增长理论收益递减的困境。在这篇论文中，罗默创建了自己的收益递增模型（Romer，1986）。他的收益递增模型生产函数表达式为：$Y_i=F(K_i, K, X_i)$。在这个函数表达式中，Y_i 代表总产出，K_i 表示专业化知识，K 表示一般知识，X 代表劳动投入。根据罗默的研究，影响经济增长的主要因素是特殊性的专业知识和专业性的人力资本，正是它们可以带动物质资本和劳动产生递增的收益，由此解决了资本收益递减的难题，从而也就保证了一国经济持续的增长。罗默的研究将阿罗的研究带入了一个新的发展阶段，他最突出的贡献是，"知识的外部性可以保证资本的边际收益摆脱递减的困境，转为递增，因为技术的溢出可以保证产出相对资本的弹性大于1"。罗默在他的博士毕业论文中引入了人力资本的概念。他一改古典经济学推崇资本、土地、劳动的增长思路，而是将整个社会的产出来源归功于物质资料生产部门以及专门进行知识生产的研发部门。在他给出的增长模型中，任何一个厂商的生产都离不开四个要素，即物质资本、人力资本、非技术劳动和一定的技术水平。

另一位在"新经济增长理论"中做出突出贡献的是卢卡斯教授（Lucas，1988）。他对内生性增长机制解释的角度与罗默不一样，但得出了同样的结论。卢卡斯给出的增长模型很接近阿罗与罗默的模型，但他对人力资本的重要性作了进一步的强调。他提出，知识技术进步实质上来源于对人力资本的投资，而不是来自实物资本投入。因为对人力资本的投资不仅会直接增加产出，而且，知识的溢出还会引起一国平均人力资本水平的提高，一国平均人力资本水平的提高自然会引起宏观经济总量的增长，宏观经济效率的提高。

4. 对新经济增长理论的评述

人类关于经济增长原因、路径的探索由来已久，但在古典经济学出现以前，这种探索还远远称不上理论，至多是一些思想火花。因此，我们现在讨论的经济增长理论是始于古典经济学，历经古典经济增长理论、新古典经济增长理论和内生增长理论，这就是人类社会关于经济增长理论发展的基本路径。如前所述，索洛给出的解释不仅肯定了古典经济学家推崇的资本和劳动在经济增长中的作用，还提出了技术进步这一重要变量，并第一次告诉人们，即便在资本和劳动两大要素投入不变的前提下，一国经济的增长也是能够持续的，因为技术的进步可以使经济增长的空间变得无限大。阿罗模型在将外生技术进步这一变量引入经济增长模型后，人类社会数百年来推崇的资本积累决定经济增长的观点受到了重大冲击。一些国家间增长的差异得到合理的解释。例如，一些资源丰厚的国家往往会成为经济增长缓慢的国家，而一些资源匮乏的国家反而走在了发展的前列。二战结束后，战败的德国和日本由于战争的破坏，其物质资本极为匮乏，但它们能够在很短的时间内，以超常的发展速度迅速拉近了和美国的差距。这种情景如果按照古典经济学的增长理论是很难做出合理解释的（邹薇、代谦，2003）。从经济学说史的角度看，阿罗的研究为人们理解这一经济现象提供了思路，同时阿罗的贡献也成为我们理解现代"内生增长理论"的关键。因为，后来的经济学家大多是在他的模型上将外生的技术进步的假设做了内生化的处理。

在新经济增长理论（也称之为"内生增长理论"）出现以前，作为宏观经济学的一个分支，增长理论消沉了近20余年。正是新经济增长理论的出现，才打破这一沉寂，使得经济增长理论的研究成为主流经济学家关注的重点。新经济增长理论在主流经济学中地位的提高，在很大程度上与美国当时持续的经济增长有关。以美国为首的发达国家持续的经济增长打破了以往"资本积累收益递减的魔咒"，为新经济增长理论的成长提供了难得的历史机遇。"资本积累收益递减魔咒"来自新古典增长理论的两个缺陷，即解释不了为什么各国经济增长长期存在着巨大差异，以及不能说明在新古典增长模型中的技术进步是如何发生的（王小鲁，2000）。已有的文献显示，新古典增长理论的这两个短板正是新经济增长理论起飞的跳板。

正是以罗默和卢卡斯为代表的"内生增长理论"的确立，才使得主流经济学形成共识，即在现代市场经济过程中，必然会出现人力资本不断积累、劳动分工持续演进、管理制度不断变革，经济增长就是在这个环境下以知识积累为基础的技术进步的过程。

为什么说在新古典经济学的生产函数中加进了技术进步的变量后，资本收益边际递减的难题就迎刃而解了呢？要回答这个问题，需要明确一个前提，这就是受时间和空间的限制，人类认识世界的能力存在着局限性，这就意味着人类认识世界的能力是无止境的，是克服了一个又一个局限性不断进步的过程。当我们把这一哲学概念运用到经济生活中，就可以得出结论。随着旧的技术边际收益递减，随着人们认识外界事物能力的提高，人们为了追求更高的收益，新的技术就会应运而生。自有了人类社会后，世界经济发展的历史就充分证明了这一论断。而且随着人类知识存量的增加，技术进步有着加速度的突飞猛进。例如，在农业社会，人类认识自然的能力低下，虽然存在着技术进步，但速度极为缓慢。表现在GDP的增长上，就是缓慢地提高。但是，到了工业社会，技术进步的速度有了质的变化。"资产阶级在不到 100 年时间所创造的财富,较比人类社会有史以来的总和还要多。"(马克思)工业革命以后,从蒸汽机到移动互联网,短短的 200 多年间,人类社会经历了数次重大的技术进步,而且一次比一次来势凶猛,一次比一次创造的财富均以几何级数增长。因此,技术进步的脚步永远不会停滞,从而人类社会的经济增长是可持续的。换句话说,脱离了技术进步的支撑,所有的经济都是不可持续的。

5. "内生性增长"理论对本书的理论支撑

为完成本书的写作,笔者仔细地查阅了关于增长理论的文献,在查阅文献的过程中,笔者更准确地理解了学术界已经公认的一个事实,这就是中国经济自"十一届三中全会"确定了改革开放的大方向后,我国仅仅用了近 40 年的时间就走完了发达国家耗费上百年时间才完成的发展过程。换句话说,整个经济增长理论的发展与我国的发展经历高度吻合。

从 20 世纪 80 年代初期开始,我国经济恢复和增长正是沿袭着世界经济增长的一般规律,从古典的"资本决定论"增长模式开始,通过大量的廉价劳动力的转移,大规模的物质资本投入,我国经济开始快速发展;到了 20 世纪 90 年代,大规模的外国直接投资进入我国,国际资本、外生性的技术变量注入了中国经济,再次将我国的经济增长推进到一个新阶段,从而使我国经济呈现出典型的"新古典经济增长",即索罗模型描述的经济增长。然而进入 21 世纪后,资本收益边际递减的趋势在我国经济增长中开始出现,大规模的物质资本和劳动力的投入推动的经济增长已经变得不可持续,我国经济的增长速度开始放缓。

面对上述困难,中国政府提出了经济转型。尽管经济转型包含的内容很多,但从根本上说,就是要从资本推动型的扩张转变为技术推动型的增长。而这里的技术不是外部给定的,而是新经济增长理论中定义的"内生"的技术变量。已有的经济学文献中有很多关于"内生性增长"的论述,国内外相当多的学者,借助计量模型论证了技术是如何成为经济增长中"内生"的变量。其实,通过对人力资本理论和经济增长理论的详细梳理,笔者发现理解技术作为经济增长的"内生"变量并没有多么复杂,也不一定要借助高深的数学模型。只要一国经济增长的主要动力来自人力资本,而不是主要依靠物质资本和廉价劳动的投入,技术进步就自然会成为"内生"的变量。因为大量的高质量的人力资本一旦进入生产过程，不仅会提高物质资本的使用效率，而且创新的冲动一定会为技术进步提供经久不衰的动力，这就是"内生性"增长的实质。

正如本书前面指出的那样，理解"内生性增长理论"的前提离不开对人力资本理论的把握。人力资本理论与"内生性增长理论"在一定程度上是一枚硬币的两面，理解"内生"性增长，一定要谈及人力资本。依靠人力资本推动的经济增长，正是我国经济持续发展所需要的增长，也就是"新经济增长理论"所界定的经济增长。这正是笔者为什么花费如此多的笔墨，对经济增长理论进行详实梳理的重要原因。

（三）"外部性"理论及其对本研究的基础支撑作用

在回顾了人力资本理论和经济增长理论之后，鉴于人力资本的外部性特征明显，有必要对经济学中的"外部性"理论进行简要地梳理。任何个体都不可能游离于社会之外单独从事经济活动，也就是说无论是个人还是企业，只要从事社会活动就会对外部产生影响，经济学家将这种由个体经济活动对外界施加的影响称之为"外部性"。从经济学角度看，实质上是社会成本不完全等于私人成本，其差异会影响资源的配置。私人成本说的是单个厂商的经济活动自己所承担的成本费用。但是，社会成本除了包括私人成本以外，而且还包括单个厂商的生产行为所造成的由其他人负担的成本。在经济学中，通过以 SC 代表社会成本，PC 表示私人成本，EC 表示外部成本。那么，社会成本与私人成本之间的关系就可以表述为：$SC = PC \pm EC$。显然，按照这个关系式，当社会成本大于私人成本时，就存在负的外部性，即单个厂商的经济行为会给社会带来额外的付出。如果采用边际分析法，那么我们就可以说，边际社会成本＝边际私人成本 ± 边际外部成本。知道边际成本的表述至关重要，只要有外部性存在，社会边际成本就一定不等于私人边际成本，解决外部性的难题就是如何使二者相等。

"外部性"理论产生于 19 世纪末期。自该理论提出后，"外部性"就成为经济学家们争论最为激烈的话题之一。"看不见的手"究竟能否保证一个现代市场经济国家平稳运行？政府对市场的干预有没有合理性，以及政府干预的力度究竟应该保持在什么水平上？这些必须面对的问题使得"外部性"的讨论在整个

20 世纪经久不衰，而且这一发自经济学领域的争论迅速蔓延到其他学科，例如法学、政治学、环境科学、社会学，甚至人口学、教育学也都引进了"外部性"的概念。我国较早涉及这一问题的学者曾对此做出评价："在很大程度上说，经济学所遇到的所有问题都与外部性有关，有的是已经解决了的外部性问题，有的是没有解决或正在解决的外部性问题。"（盛洪，1993）因此，这一问题自 19 世纪末期以来，始终是最困惑经济学家的难题之一。从而也使得"外部性概念是经济学文献中最令人费解的概念之一"。（Scitovsky，1954）

　　一个世纪以来，众多的经济学家对这一理论的演变做出了自己的贡献，尤其值得提出的是马歇尔、庇古、科斯和布坎南。人们习惯于按照这四位经济学家的先后将"外部性"理论的发展梳理为四个发展阶段。

　　马歇尔最早提出了外部经济、内部经济的概念（马歇尔，1890）。尽管我们今天已经熟知的负的外部效应、正的外部效应、外部不经济等概念，在马歇尔的论著中并没有被提及，但从他当年的论述中，人们可以从逻辑推断上得出这些概念，随后的经济学家在马歇尔开辟的基础上获得了较大的想象空间。

　　作为马歇尔的学生，庇古沿袭了老师的思路，并发展了马歇尔的理论。他的《福利经济学》一书可以看作"外部性"理论发展路程中的一块里程碑（Pigou，1920）。庇古第一次指出："只要是市场经济，一切的个体经济行为所获得的私人收益和产生的社会收益都是不对称的。"他经常用灯塔、污染和交通等人们熟知的案例来说明经济活动中经常存在的外部性。他认为"社会边际净产值与私人边际净产值的差异构成了外部性"。庇古借助现代经济学的分析方法，考察了个体经济行为对社会总体的影响，考察了外部社会对个体厂商的影响，在其老师"外部经济"的基础上增加了新的内容，即"外部不经济"。一字之差，揭示了如果个体厂商在寻求自身利益最大化的时候，会给其他产商，乃至整个社会带来损害或福利，如果个别厂商的行为做出后，对自己的收益没有造成影响，那么就出现了"外部负效应"和"外部正效应"。例如，个别厂商的经济行为给社会造成污染时，且没有为自己的行为付出代价时，就产生了"外部负效应"；例如，个别厂商培训了自己的劳动者，劳动者跳槽到了其他企业，同时训练劳动者的厂商并没有从劳动者本人，或已经雇佣他的企业那里收到补偿，那么就会对培训劳动者的厂商产生"负的外部效应",同时对雇佣此劳动者的企业产生"正的外部效应"。庇古给出的政策含义是,在市场经济条件下,政府应该利用行政权力,例如征税,来使"外部性"内部化。所以,学术界也将庇古的这种观点简化为"庇古税"。

但是,庇古的外部性政策建议也受到了大量的责难,这其中最大的问题就是反对者对庇古做出的政府行为假设上。在政府使用"庇古税"出面对市场经济进行干预时,必然隐含着两个基本的假设前提:首先,政府是个高尚的好政府,作为公众利益的代表,它行为的唯一目标就是提高社会福利。其次,政府不会浪费或减少社会福利,因为政府的行为几乎没有成本,只凭借强制力征税就可以。显然上述假设是经不起推敲的。现实生活中,市场可以失灵,政府同样可能"失灵"。而且政府在对私人厂商进行补贴时,所耗费的甄别成本、监督成本也是非常高昂的。

科斯定理的出现是"外部性"理论发展中的又一重大事件。科斯定理是后来的学者给其总结的,其实科斯只是认为庇古主张政府干预的观点不可取。他认为,经济生活中的"外部性"没有必要通过"庇古税"来纠正,完全可以通过当事人之间的谈判来解决,但这里的前提是产权必须明确。例如,放牧人的牛吃了农夫的麦子,放牧人给农夫带去了"负的外部效应",那么此时如果放牧人和农夫经过谈判,给农夫以必要的补偿,那么结果就是双赢的,即实现了"帕累托"资源配置。而且这样做可以在交易成本很小的情况下达到市场均衡。科斯定理的提出可以认定为"外部性"理论研究过程中一个重大进步,他的理论的提出对很多国家政策的制定提供了重大的指导意义。科斯定理有两个前提,即清晰的产权和交易成本为零,如果交易成本为零,那么产权是否明确就不再重要,但实际生活中交易成本不可能为零,因此科斯定理的关键就是明确的产权。所以说,科斯定理的精华就在于给人们提出了在市场经济条件下交易费用对制度安排的作用。现实生活中无论什么样的制度设计,都必须支付一定的成本,即交易成本。如果交易成本太高,人们就倾向于寻找替代的方法。科斯的理论不仅在解释经济学的疑难问题时具有参考意义,即便是其他领域也有一定的解释力。

"内生性增长理论"的代表人物,卢卡斯教授较早地解释了人力资本的外部性,并将这一理念运用到了他的"新经济增长理论"模型(Lucas,1988)。卢卡斯教授将人力资本的积累所产生的效应分为外部效应、内部效应两种。外部效应说的是，当个别厂商在人力资本的投入上（例如教育和培训）支付了成本，但它之所以在人力资本上支付成本是为了自身的利益，但人力资本的提高会提升所有生产要素的效率，特别是当劳动者发生流动时，就会对其他主体产生收益；后者说的是个别企业在人力资本上的投资会直接提高自身的效率。事实上，如果我们站在宏观经济增长的角度看，任何个体在人力资本上的投资都会对社会产生"正的外部效应"。因为，个体对人力资本的投资会提高整个社会平均的劳动生产率（易刚、樊纲、李岩，2003）由于知识积累（表现为人力资本的提高）会引致资本边际生产率递增，所以发达国家或地区会因丰厚的人力资本存量和知识的积累保持较高的增长水平，而且这种增长具有持续性。

教育投入是人力资本形成的必要条件，而人力资本又具有典型的外部性特征，为了克服社会因人力资本的存在导致社会收益率高于私人收益率的障碍，政府就有必要在教育投入上发挥积极的作用。鉴于人力资本形成的教育投入有着太强的外部性特征，如果政府不在财务上对制造人力资本的教育部门进行补贴，整个社会就会因为私人厂商缺乏投资于教育的意愿而失去技术进步的动力。正确的方式是，借助政府的力量，一方面对人力资本创造部门补贴，一方面对不生产人力资本的部门进行征税，从而在制度上讲人力资本的外部性内部化。在新经济增长理论的代表人物中，罗默强调的是人力资本带来的正的外部性会影响一国宏观经济的增长，主张政府干预教育部门的投入。但是卢卡斯则认为，人力资本既有外部性，也有内部性。私人会因教育的投入使自身人力资本的提高获得收益，这可以看作内部性，当居民个人因受教育程度的提高，增加了自身的人力资本时，整个社会也会因此受益，但这个收益居民个人不会分享，于是又出现了外部性。在卢卡斯看来，教育投入具有准公共产品的特征。那么这里卢卡斯给出的政策建议是，居民个人在追求自身利益最大化时进行的教育投入，在为私人带来收益时，也促进了社会的福利。这也就是说，从教育投入到人力资本形成不需要外界的力量，完全是内生的，正是这个内生的人力资本积累会成为一国经济内生的增长动力。与外部性密切相关的就是公共品，通常公共品会具有正的外部性，因此政府的介入是需要的，这也正是本书分析教育投入问题的重要理论基础。

二、教育投入促进经济发展的理论分析框架构建

学术界关于教育投入对经济增长的促进作用虽然还有一定的分歧，但总体上看，共识性意见是，教育投入对经济增长具有显著的作用，但教育投入规模和结构是如何决定的，教育投入又是如何促进了经济增长，在促进增长的同时对收入分配差距又带来怎样的影响，具体路径是怎样的，还远未达成共识。因此，这还需要在已有理论、实践和研究基础上作进一步深化，这正是本书所努力的方向。为此，本书试图提出教育投入促进经济发展的理论分析路径框架。

（一）教育投入与经济增长的理论逻辑

1.教育投入的决定因素

尽管教育的投入对任何一个国家都是至关重要的，但各国的经济发展实践告诉我们，在一国经济发展的不同阶段，教育投入所发挥的作用是有重大差异的，进而人们对教育投资重视的程度也不同。那么，影响教育投入规模和结构的因素有哪些呢？

一是经济发展阶段需要。根据经济增长理论，经济增长取决于资本、劳动、人力资本等各种要素。无论是国内经济发展历程，还是世界各国经济运行实践，均呈现出首先注重劳动和资本、再注重教育等人力资本投资的基本特征。这些共性的经济现象背后，实际上蕴含着基本的经济学原理，即在经济发展不同时期，影响经济增长的各要素投入产出比较效益不同。在远期农耕社会，甚至于在早期的工业化阶段，由于当时人们所依赖的基本生产要素资本和劳动的极度稀缺，使得它们边际收益率居高不下，因此那时的经济增长可以在技术进步并不十分显著的情况下保持一定的持续性，对教育的投入需要并不紧迫。当一国经济发展完成了资本积累，当资本存量达到一定规模后，特别是当它的经济发展阶段进入后工业化阶段时，资本边际收益递减的规律就会显现出来。

在资本边际收益递减的情况下，一国经济会遇到旧的发展模式难以持续的困难，在这一阶段，通常增加教育投入，从而改善资本和劳动的质量，实现经济增长动能"换挡"，成为经济持续增长的基本出路。这也正是我国经济发展历程的基本特征。从改革开放算起，中国经济已经在大规模资本和劳动投入的支撑下，

实现了长达近 40 年的高速增长。而一旦面临资源环境制约、人口红利消失、劳动力成本上升时，高速增长态势难以持续，甚至会影响到整个经济的发展能力，这既是很多国家掉进"中等收入陷阱"的重要原因之一，也是近年来我国加快增加教育投入、尽快补齐短板的主要动力。

二是教育投入的能力。教育投入实际上国民经济的再分配，具体投入规模和结构与经济发展水平密切相关。梅长杉（2018）的实证分析表明，不仅教育投入对经济增长有显著的促进作用，实际上经济增长也是影响教育投入的显著因素。从我国情况看，在改革开放以前，鉴于经济实力的制约，为解决国民的温饱问题，难以将有限的资源过多地配置到教育领域。我国只是在"第一个五年计划"之后逐步从初小（小学一年级到四年级）到高小（小学五年级到六年级）实行了小学的义务教育。然而，由于城乡经济的巨大差异，东部沿海地区与西部地区经济发展水平的落差，即便是小学的义务教育在大部分乡村也并未落到实处。至于中等和高等教育，更是由于种种原因，难以做到"有教无类"。经过多年的经济发展积累，经济保持较快增长，财政收支形势明显改善，国内对增加教育投入普遍形成共识。党中央、国务院于 1993 年发布的《中国教育改革和发展纲要》第一次郑重提出，国家财政性教育经费支出占 GDP 比例要达到 4%。2010 年，我国 GDP 首次超过日本，成为世界第二大经济体，财政收入保持较快增长。2012 年我国 GDP 达到约 54 万亿元，全国财政性教育经费支出占 GDP 的比重首次超过了 4%，实现了多年奋斗的目标。2020 年，我国 GDP 首次突破 100 万亿，人均 GDP 连续两年超过 1 万美元。即将进入高收入国家行列，这正是近年能够持续加大教育投入的经济基础。

三是教育投入制度安排。教育投入体制主要是指教育经费来源、筹措和配置等系列制度规范。教育投入制度直接决定了教育由谁投入、怎样投入、投向哪儿等基础性问题，从而也会对教育投入规模和结构产生显著影响。从国际上看，发达国家的教育投资来源渠道多元，除了财政拨款以外，还有大量的资金来源于企业和社团出资、私人的捐赠、受教育者支付的学费等。从我国的教育投入实践看，教育投入制度安排也极大地影响了教育投入规模。在建国初期，教育投入实行集中管理体制，由中央直接管理大中小学的教育经费，由于国家财政整体紧张，教育投入也严重不足。1957 年以来，社会各方面已经意识到，教育完全由中央财政承担较为困难，难以满足实际需求，因而在教育投入体制上，逐步由"中央集中管理"向"中央集权与地方分权相结合"的体制，对改变教育经费保障问题起到了积极的促进作用。但教育经费的来源和渠道仍然比较单一，基本还是靠各级财政，这也是直接制约教育投入增长的重要因素。针对这一问题，1985 年以来对教育投入体制进一步改革，实行"以政府为主体，多渠道筹措教育经费"的政策，特别是 20 世纪 90 年代末，通过高考扩招等制度变革，逐步改变了教育投入来源渠道，对促进教育投入增加产生了积极作用。我国高等教育毛入学率由 1991 年 3.5%，迅速上升到 2000 年 12.5%，到 2019 年高校扩招 20 年之际，我国高等教育入学率已经达到 48.1%。但同时，教育体制改革仍存在一定滞后，对民办教育机构未能给予同等的国民待遇，尤其是民办高校在招生名额、经费筹措、学科设置、学位授予权限等方面与公办高校相比受到更多的所有制歧视。这使得我国民间资本进入教育领域较为困难，也影响了我国教育投入规模的持续增长。这也意味着，未来我国教育经费投入增长还有较大的潜力和空间。

2. 教育投入促进人力资本增加的路径和机制

人力资本价值的高低可以用他们的知识程度和技术水平来衡量，而技术水平的优劣和知识程度的高低主要取决于教育和培训。教育投入对人力资本增加的作用路径，不仅是一种直接的促进机制，而且还通过代际传递予以强化，形成内生增长机制。

一方面，教育和训练可直接使劳动者的生产能力产生差异。作用于生产过程中的物质资本和人力资本既有数量的多寡，更有质量的高低之分，而教育培训投入则可以直接提高人力资本的质量。这一问题早在古代文明中就引起了很多学者的关注。柏拉图认为："教育和训练能够有效地提升个人的先天能力，当这种提高了先天能力的人们从事生产活动时可以增加更多的经济效益。"威廉·配第尝试着将教育投入与产出进行量化研究。正如上文所述，他曾将海员和农民的生产率做出对比。在他看来，海员必须经过严格而痛苦的训练方能胜任自己的职责，因此海员和农民的价值相比应该是 3∶1，即 1 个海员创造的价值等于 3 个农民。当然，海员与农夫的价值比例究竟是 3∶1 还是 4∶1 并不重要，重要的是前者因教育培训费用的物化具有更高的价值。亚当·斯密进一步指出，技能的获得需要教育，而受到教育可以通过学校或者学徒，这些都是要支付费用的，即教育费用。劳动者一旦具备了某种技能，这种技能就会成为他个人财产的一部分，同时也是社会财产的一部分，他学习所支付的费用会在今后的劳动报酬中得到补偿，因为它创造的利润要远大于没有受过教育和培训的劳动者。马克思提出，劳动者要获得技能和技巧需要教育训练，进一步将劳动区分为简单劳动和复杂劳动，并指出复杂劳动等于加倍的简单劳动。因为比社会一般平均劳动高出百倍的复杂劳动需要相应的教育和培训，经过教育和培训的劳动者方能掌握一定的知识、技能和技巧。因此复杂劳动所生产的商品其价值要远大于简单劳动制造的商品价值。

在近现代的研究中，更是明确了教育在人力资本形成中的重要作用。舒尔茨等人的有关研究成果表明，人力资本的形成路径主要包括医疗和保健，在职人员培训，正式建立起来的初等、中等和高等教育，针对成年人举办的学习项目，个人和家庭适应于变换就业机会的迁移所耗费的投资支出等五大类。从以上路径可以看出，人力资本形成的三大路径均为直接的教育培训投入。而且，其他两大路径医疗和保健、个人和家庭的迁移，实际上与个人受教育程度也是密切相关的。受教育程度越高的人，往往能够更加重视医疗和保健，更有能力投入更多资源用于医疗和保健；也往往更有机会和条件进行工作转变和迁移等。

另一方面，教育投入通过代际传递效应对人力资本积累产生显著影响。张苏（2011）等研究表明，教育不仅能增加受教育者自身的人力资本，还能通过代际传递对子女的人力资本积累产生重要影响。根据舒尔茨等人的研究，人力资本不仅包括以知识、技能等为核心的认知人力资本，还包括健康人力资本，而教育投入通过代际传递效应对这两大类人力资本都有显著影响。首先，教育投入的代际传递效应对认知人力资本有显著的影响，Treiman 对 1989 年 21 个国家、1993 年26 个国家的数据分析表明，父亲的受教育年限每增加一年，子女受教育年限增加半年（Treiman，1997）。Carneiro 和 Heckman（2002）研究了高等教育入学率与家庭背景、信贷约束之间的关系后发现，家庭的长期因素如父母的受教育水平等比短期经济约束对高等教育入学率的影响更为显著。之所以出现这种代际传递效应，是因为受教育程度越高的家庭，对子女的教育投入能力越强，对子女人力资本投资效率往往也越高。其次，教育投入的代际传递效应对健康人力资本也有显著的促进作用，Arnaud Chevalier 等（2007）、Marten Lindeboom（2009）等研究表明，受教育程度越高的家庭，往往在子女医疗保健等方面投入更多、拥有更营养健康的生活方式、更倾向于优生优育等，从而使得子女自出生就能获得更高的初始健康存量，并随着健康投资而增加。教育投入的代际传递效应是极其重要的，这就意味着，教育投入对人力资本增加的作用可进入一种良性循环机制，形成一种内生增长动力，即当期进行一定的教育投入后，不仅能够直接促进当期人力资本提升，还会自动触发后期教育投入乃至人力资本积累的自发增加。

3. 人力资本提升是技术进步的重要源泉

技术进步是怎样产生的？其与教育投入、人力资本提升又有怎样的关系？这是当前仍然需要探讨和厘清的一个问题，实际上，人力资本提升是否能够促进技术进步经历了一个漫长的研究历程。起初，新经济增长理论的代表人物阿罗坚信，技术进步的动力并非来自政府部门提供的公共产品，而是来自私人部门的研发投资。在阿罗的模型中，技术进步是通过学习过程获得的，是从不断的实践经验中积累得到的。阿罗既然排除了技术进步来自政府提供的公共品，也就排除了教育部门对企业技术进步的作用，显然这有失偏颇。之所以出现这一情况，主要是为了在生产函数中将技术变化内生化，而不是来自产商的外部，因此对教育部门教育投入的否定实际上是模型技术处理的需要，而并非一种现实。

与索罗的研究相比，罗默的研究开始在教育投入、人力资本提升与技术进步之间架起了桥梁。在罗默的理论模型中，研发投入和教育培训的增加——技术进步——企业获得超额利润三者之间，周而复始形成"内生性增长"的良性循环。知识被区分成两大类，即公共性知识和排他性知识。如果是前者，那么就意味着这里技术知识的使用是无偿的，而无偿的知识提供者只能是政府，如果是后者，知识的拥有者将通过自身的研发获得知识的所有权，并可以通过出售这些知识获得收益。罗默指出，公共性的知识通常是那些使用范围较为宽泛的基础性知识，这些知识的外部性特征极为明显，故应该由政府给予资助。而排他性的知识通常表现为新工艺和新技术，这些主要是厂商基于自身的需要展开的研发活动的结果。当然，这种排他性的知识也会"溢出"所有者控制的范围。例如，当知识的所有者有偿出售它们的时候，以及其他厂商通过"干中学"加以模仿时，原本排他性的知识就会"溢出"。由于罗默的收益递增模型单独地引进了知识这一变量，并通过知识的积累，一定会产生规模性的经济效益。更重要的是，当排他性知识的溢出时，他的所有者也会带来递增的经济效益。这里，知识与劳动和物质资本的融合更会使物质资本和劳动产生递增的经济效益。在罗默看来，尽管物质资本、非技术劳动对知识的积累也会产生影响，但人力资本对知识积累的影响是最为重要的。由此，罗默给出的政策建议是：大到一个国家经济，小到一个企业，甚至具体到每个个人，收益的多寡取决于用于研究和开发部门资源究竟有多少，取决于在人力资本形成中教育投入的多少，技术进步的持续发生是知识持续积累的必然结果（Romer，1986）。我国学者易先忠、张亚斌（2008）对人力资本约束下的技术进步模式进行了深入研究。基于内生国外模仿与自主创新的研发增长模型，假定异质型人力资本在两种技术进步模式中具有不同的效应，分析了在技术差距和人力资本约束条件下后发国技术进步模式的决定及技术政策效应。其研究结果表明，在人力资本的约束下，鼓励技术进步的政策效应取决于技术差距，这意味着，人力资本差距对于一国技术进步速度以及技术进步宏观政策都具有内在的影响。

　　卢卡斯的研究则进一步将人力资本提升与技术进步紧密联系起来。卢卡斯认为，经济之所以能够持续不断的增长，是因为源源不断的人力资本涌向物质生产部门，而提供人力资本的机构就是教育部门。卢卡斯将资本区分为两个大类，即有形资本和无形资本。那些只是拥有简单体力的劳动者属于有形资本，而受过教育和培训拥有一定技能的劳动者属于无形资本，他们彼此不能完全相互替代。卢卡斯强调，只有无形资本才对经济增长具有促进作用。在卢卡斯的经济增长模型中，他改变了罗默将知识和人力资本看作两个不同变量的观点，而是直接将人力资本与知识画上等号，揭示了人力资本提升与技术进步几乎等同的紧密内在联系。卢卡斯还给出了"人力资本积累模型"。在这个模型中人力资本可以通过两种途径形成：一是劳动者在投入到生产过程时，会学习到一定的技能，由此形成了相应的人力资本，这种资本是"边干边学"获得的；二是通过外部的教育机构培训得到的人力资本。例如，一些发展中国家通过经济全球化引进了先进的技术设备，然后本国的劳动者在与这些先进的技术设备结合后，劳动的同时会获得新的知识和技能，产生了人力资本，这正是知识和技术的"溢出"效应所致。卢卡斯特别强调，一国经济可持续增长的一个主要源泉是人力资本的积累。在现实经济生活中，无论是教育培训，还是"边干边学"最终都会增加一国人力资本的总量，人力资本的积累最终将成为推动经济增长的主要源泉。事实上，发达国家和发展中国家，穷国与富国的差异（经济增长的快慢）的主要原因就是人力资本积累的程度不同。现实生活中，那些移民国家、移民城市通常会比其他国家或城市发展快，其主要原因就在于除了这些国家和城市自身人力资本的积累外，外部的高质量人力资本移入也是推动其经济增长的重要原因。根据上述人力资本与经济增长理论演进历程可以得出基本结论，尽管技术进一步的直接诱因包括研发投入、"干中学"等途径，但追本溯源仍是人力资本的积累，正是人力资本的积累，促成了长期的技术进步。从各国实践中也可看出，无论是农业技术进步、还是工业技术进步，往往与一国的人力资本数量和质量紧密相关。我国人力资本增加以及随之而出现的技术进步实践正是一个鲜明的例证。近年来我国创新水平不断提升，主要创新指标已经大幅提升。

根据科技部的统计数据，当前在发明专利申请量和授权量方面，我国已经位居世界第一，2018 年国家综合创新能力已名列世界第 17 位，这与我国不断增加教育投入、人力资本素质加快积累提升是密切相关的。根据《2018 年全国教育事业发展统计公报》数据，从 1949 年到 2018 年，我国小学净入学率从 20% 提高到约 100%，初中毛入学率从 3.1% 提高到约 100%，高中、大学的毛入学率分别从 1.1% 和 0.26% 提高到 88.8% 和 48.1%，各类高等教育在校人数总规模也已经跃升至世界第一位，我国国际科技论文总量和被引次数稳居世界第二，为技术进步奠定了重要基础。

4. 技术进步是经济增长的持久动力

技术进步是经济发展的动力已在理论和实践中形成共识。李斯特曾有一段名言："一个国家最大的消耗是用于下一代的教育支出，用于未来生产力的储备。"马歇尔在考察人力资本的问题时明确指出了教育投资对经济增长的贡献："如果人的智力能够得到全面开发，就能够为劳动者带来更多的就业机会。"在他的代表作《经济学原理》一书中，他明确指出："在人类社会已有的投资中，最具价值的投资就是人本身的投资。对人的投资，就如同生产过程中的发动机，正是这个发动机为经济发展提供动力，而且是最强劲的动力。"马歇尔的一句名言是："知识作为核心的资本组成要素，是最强有力的生产力。"古典经济学家这些精辟的论断即使拿到今天，一点也不失现实指导意义，后来发达国家经历验证了这些精辟论断的正确性。我国在 20 世纪 80 年代也提出了"科学技术是第一生产力"的重要论断。

从经济学理论看，生产函数中的产出 Y 是由等式右边的 3 个变量决定的，A 代表技术水平，K 表示资本投入，L 表示劳动投入。这一公式已经被经济学家们通过若干国家的统计数据进行过检验。在这个公式中，一国的经济产出（可以用 GDP 表示）取决于两个因素，一是技术水平，二是资本存量，即资本和劳动。如果技术水平不变，单纯增加资本和劳动的投入，这时候产出也会增加，但经济学家将其称之为数量型增长，即依靠资源投入数量的增加而出现的增长。在另一种情景下，资本和劳动的投入即便不增加，而是提高技术的水平，此时产出的增长就是质量型增长，也称之为效率型增长。尽管两种增长模式都会导致一国经济产出的增加，但在经济学家看来，它们是完全不同的增长方式，它们最大的区别就是前者是不可持续的，运行到一定程度就会落入资本边际收益递减的陷阱，只有质量型增长才可以使一国经济保持经久不衰的动力。从上述增长理论回顾也可发现，罗默、卢卡斯等认为，人力资本和技术进步是经济增长的内生原动力，也是持久动力。

从经济发展实践看，发达的资本主义国家（地区）从 20 世纪 70 年代开始，发生了大规模的资本输出，一些传统产业转移到发展中国家（地区）。"亚洲四小龙"的崛起正是承接了发达国家的资本输出，并借助输入的资本和技术与本地劳动的结合，改变了自身落后的局面，一跃成为发达经济体。这些国家和地区完成了工业化和城镇化的进程后，它们又将一些传统的产业再次向欠发达地区转移。为什么会发生这种"梯度转移"？以往学术界大多根据这些国家和地区间产业转移的表象原因做出解释。例如，发达国家（地区）劳动力成本上升了，一些以劳动密集型为主的产业在这些国家和地区已经不具有比较优势，因此这些国家和地区倾向于将那些不具竞争优势的产业转移出去。现在我们的问题是，发达国家（地区）将传统产业转移出去后，它们依靠什么维持经济增长？有一点是肯定的，没有为自身找到替代产业之前，传统产业是不会移出国门的。

劳动力成本上升等解释实际上只是触及了事物的表层。如果深入分析分析这些发达的国家和地区的经济发展过程，会发现它们在没有新的替代产业出现之前，是不会将大规模的资本输出到国外的。通常这些发达的经济体会随着经济实力的提升加大教育的投入力度，由此导致该地区人力资本的提高。人力资本的提高必然会催生与其相适应的、科技含量高的新兴产业的出现。引领世界经济前行的新兴产业通常会诞生在发达国家和地区，究其原因，就是因为它们具备了产生这些新兴产业的人力资本。发达国家的传统产业之所以向外转移，是因为国内产生了替代产业。更重要的是，当新兴产业出现后，劳动密集型和资本密集型的传统产业遭受着资本边际收益递减的冲击，只好另寻出路，转移到适合它们继续生存的欠发达国家和地区。

目前我国经济的发展就到了两种增长方式交替的节点。有一种观点认为，中国经济发展的放缓是因为外部需求的减少，如贸易战的干扰等。只要政府加大投入，中国经济就可以持续增长。其实，这种观点并没有探究到根本原因。由于资本边际收益递减规律的作用，无论如何增加资本投入，无论央行实行多么宽松的货币政策，无论政府如何鼓励银行给企业发放贷款，在资本边际收益递减面前，成效都是有限的。即便企业得到了贷款，也缺乏愿意在数量型增长模式下继续投入。从实践看，很多资金进入了虚拟经济，这实际上正是一个反面证据。

在数量型增长模式难以为继的情况下，我国经济的持续增长就只能依靠质量型增长模式了。技术作为生产函数的变量不仅不会收益递减，而且可能收益递增。这可以从人类社会的增长史得到检验。有史以来，人类社会的经济发展在大部分期间内处于停滞状态。到 19 世纪，长达近 5000 年的时间里，人类社会 GDP 的增长在统计学上几乎可以忽略不计。而这期间大约增长的 2% 也只是发生在最后的 300 年（Galor，2005）。只是到了 19 世纪英国工业革命之后，人类社会的经济增长才开始以加速度的方式突飞猛进，"资本主义在不到 100 年的时间里创造的财富超过了以往人类社会的总和"。工业革命后的 200 年期间，人类社会人均财富量增长了近 33 倍（DeLong，2006）。这里最重要的原因就是人类在科学认知上一直在不断进步，技术在不断创新超越。当旧的技术边际收益递减时，新的技术就会被内生地激发出来，不断出现的技术创新，持续不断地推动技术进步，这就是质量型经济增长模式产生的根本原因。例如，工业革命之后，继蒸汽机之后，内燃机、电动机、电脑，直到移动互联网，技术水平的提高至今一直没有停止，这就是人类社会经济发展的根本保障。

（二）教育投入与收入分配格局的理论逻辑

1. 合理的收入分配格局是经济发展必不可少的条件

增长和分配密不可分，实现经济发展，既包括促进经济增长，也要求实现合理的收入分配格局，这从国内生产总值核算理论可以清晰地看到。国内生产总值即 GDP 的核算包括生产法、收入法和支出法，其中，生产法即利用一定时期的总产出减去中间投入后，得到增加值。收入法根据各种生产要素应得的收入份额确定，由劳动者报酬、生产税净额、固定资产折旧和营业盈余四部分相加得到。支出法是从最终使用的角度进行衡量，也就是通常所说的投资、消费和净出口。这就意味着，经济的持续发展既是不断创造新价值的过程，也是所创造价值在各种要素间进行合理分配的过程。

更进一步的研究表明，经济发展要以合理的收入分配格局为前提。从国内外经济发展实践看，经济增长普遍取决于"三驾马车"，即投资、消费和净出口，这实际上是从上述国内生产总值核算支出法视角进行的阐述。从美国等国家宏观经济运行看，消费已成为拉动经济增长的最主要方面。长期以来，我国经济增长取决于投资和净出口，随着国际贸易摩擦以及国内传统固定资产投资回报率下降，国内也致力于促进消费，要促进形成强大的国内市场。但同时，消费持续增长的前提是需要合理的收入分配格局。如果收入差距过大，则可能造成消费不足，投资和消费的关系失衡，带来产能过剩、消费不足等系列问题，经济难以可持续进行。王小鲁、樊纲等（2009）就我国经济增长可持续性进行了深入研究，对最终消费率变动对经济效率、经济可持续增长可能的影响进行检验。研究结论表明，促进国内需求、特别是消费需求的回升，对于缓解世界经济危机对中国出口增长造成的负面影响是至关重要的。从长远来看，启动消费将成为经济可持续增长更关键的因素。而其中最主要的措施就是要减少收入差距、改善国民收入初次分配状况，合理的收入分配格局是实现经济发展的必由之路。

对于我国而言，作为社会主义国家，发展为了人民、发展依靠人民，发展成果由人民共享。在促进增长的同时，致力于实现合理的收入分配差距，更具有必要性和紧迫性。中共十九大报告明确提出，新时代我国社会主要矛盾是人民日益增长的美好生活需要和不平衡、不充分的发展之间的矛盾，必须坚持以人民为中心的发展思想，不断促进人的全面发展、全体人民共同富裕。因此，对于经济发展而言，既保持持续稳健的增长速度，又确保合理的收入分配格局，才能同时解决不平衡、不充分的问题。因此，实现合理的收入分配格局不仅是经济发展的应有之义，更是中国特色社会主义经济发展的重要目标。为此，本书致力于考察将教育投入与经济发展的内在逻辑，在系统分析教育投入与经济增长的同时，也需要深入分析教育投入是否能够带来合理的收入分配格局。这不仅是理论逻辑完整性的客观需要，更是研究国内教育投入问题时应有的使命担当。

2. 人力资本与收入水平正相关，人力资本差异也是收入分配差距产生的逻辑起点

人力资本之父舒尔茨提出，用人力投资数量的差别来解释和说明居民之间的收入差别可以看作一个基本要求。贝克尔认为，各种人力资本投资会形成劳动的异质性，人力资本投资积累水平越高，总体上居民收入水平也更高。明塞尔则进一步构建了经典的收入方程，其研究结论表明，个人收入与受教育水平之间具有显著相关性，呈现正相关关系，人力资本投资量越大的人其年收入越高。

舒尔茨—贝克尔—明塞尔的研究基本奠定了人力资本与收入差距之间的理论分析框架，即人力资本投资能够增加收入，但同时，由于人力资本投资形成的劳动异质性，也相应产生了收入差距，二者实际上是一个硬币的两个面，相辅相成、同时产生。人与人之间呈现出的收入差距，这仅仅是一个结果和表象，本质上是人力资本所有者之间在收入上的差距，追本溯源反映的是人力资本差异，因此，人力资本差异才是收入分配差距产生的逻辑起点。

3. 教育投入对改善收入分配差距具有不确定性

教育作为最重要的人力资本投资类型之一，已有理论和实践实证研究表明，教育投入对收入分配差距的影响具有一定的不确定性。Jung（1992）研究指出，

人力资本差异与收入分配差距密切相关，但初等教育和高等教育对初次分配收入差距的影响不同。一般情况下，由于初等教育能够覆盖绝大多数人，让绝大多数人都具备基本的工作技能，在一定程度上教育投入是较为公平的，因而具有缩小收入分配差距的功能。这就是萨缪尔森（1948）所说的，"在走向平等的道路上，没有比免费提供公共教育更为伟大的步骤了。这是一种古老的破坏特权的社会主义"。但与初等教育不同的是，高等教育投资对收入分配差距并没有矫正效应，反而还可能会扩大收入分配差距，主要原因在于，由于自身条件、家庭经济基础、教育金融体系不健全等各种因素限制，贫困人口可能无法享受到公平的高等教育，难以享受相应的教育经费等公共资源，可能成为扩大初次分配收入差距的工具。Daniele（2001）根据初始受教育水平的高低，对经合组织国家、北非和南亚国家、拉丁美洲及中央计划经济国家等不同类型国家进行比较分析，研究发现，平均受教育年限与教育不平等程度确实存在显著的正相关，平均受教育年限越高，教育不平等程度越大，进而平均受教育年限与社会收入差距之间呈现非线性的 U 形关系。最初，随着平均受教育水平的提高，社会收入差距缩小，而当平均受教育年限提高到一定程度，收入不平等水平将会上升。

　　进一步的问题是，政府的人力资本投资政策能够缩小收入分配差距吗？根据已有的研究和大量事实，也存在不确定性，这主要取决于是否缩小了人力资本差距。如果政府采取向低收入地区或者说贫困地区倾斜的教育投入政策，即实施带有差距矫正性质的人力资本投资政策，并据此进行教育资源分配，则有利于减少人力资本差距，从而缩小收入分配差距；但如果不根据人力资本投资差距情况开展矫正性地教育资源配置，则可能加剧人力资本投资差距，从而进一步恶化初次分配收入差距状况。例如，北欧部分国家对贫困地区提供更多的人力资本投资，就缩小了初次分配收入差距。而 Jaime（2012）将财政政策纳入代际人力资本不平等 – 收入不平等的分析框架中后研究发现，政府在教育补贴上的增加并不能有效降低不平等，反而会增加不平等。陈斌开等（2010）等研究发现，通过价格、金融、税收等手段从农村向城市的财富转移，以及在财政投入方面优先保障城市等城市偏向型政策导致城乡收入差距积累和扩大。尤其是在我国，由于教育投入与城市、区域密切相关，加大了收入分配差距。

（三）总结与回顾

1. 教育投入是促进经济增长内在联系的理论基础

教育投入与经济增长二者均是一种现象，不同国家之间经济发展的差距表明，这两种表象之间存在紧密联系，已有的大量研究直接从教育投入与经济增长二者的联系入手进行了实证分析，但教育投入是如何促进了经济增长，还缺乏内在的理论桥梁，在一定程度上还是一个"黑匣子"。本书深入分析了教育投入—提升人力资本—强化技术进步—实现经济增长的理论路径，实际上致力于打开这个"黑匣子"，即教育投入促进经济增长合乎内在的理论逻辑，也为相关实证分析奠定基础。

首先，教育投入本质上也是劳动力再生产的重要内容，是在劳动力再生产过程中对劳动力"提质增效"，直接促进人力资本增加，不仅使受教育者自身生产能力产生差异，直接提高人力资本质量，而且还能通过代际传递对子女的人力资本积累产生重要影响。其次，人力资本积累为技术进步准备了充分条件。尽管技术进一步的直接诱因包括研发投入、"干中学"等途径，但追本溯源仍是人力资本的积累，正是人力资本的积累，促成了长期的技术进步。国内外实践表明，无论是农业技术进步、还是工业技术进步，往往与一国的人力资本积累水平密切相关。我国近年来创新水平不断提升，主要创新指标进入世界前列，国家综合创新能力已名列世界第 17 位，与我国不断增加教育投入、人力资本素质加快积累提升是密切相关的。最后，技术进步是经济增长的持久动力。单纯增加资本和简单劳动投入的增长模式为数量型增长，面临边际收益递减制约，难以持续，通过技术进步的增长即质量型增长，才可使一国经济保持经久不衰的动力。根据上述逻辑分析框架，教育投入虽不会直接带来经济增长，却通过人力资本积累、技术进步等桥梁成为经济长期增长的动力源泉。

2. 教育投入对经济发展的内在影响

根据国民经济核算及经济增长理论，经济的持续发展既是不断创造新价值的过程，也是所创造价值在各种要素间进行合理分配的过程。如果缺乏合理的收入分配格局，则投资和消费失衡，将面临产能过剩、消费不足等系列问题。国内外有关研究和经济发展实践均表明，在此背景下经济难以发展。因此，实现经济发展，既包括促进经济增长，也要求实现合理的收入分配格局，这是宏观经济学长期探寻的目标，也是我国经济向高质量阶段转型发展、最终促进共同富裕的现实需要。特别是对于我国而言，作为社会主义国家，发展为了人民、发展依靠人民，发展成果由人民共享，在促进增长的同时，致力于实现合理的收入分配差距，具有必要性和紧迫性。

因此，考察教育投入对经济发展的影响，需要兼顾增长和分配视角，这也正是本书提出的教育投入促进经济发展的理论分析框架所强调的。上述理论分析表明，教育投入作为逻辑分析起点，其对于增长而言，沿着教育投入—提升人力资本—强化技术进步—实现经济增长的理论路径，同时也对分配产生直接的影响，沿着教育投入—提升人力资本—收入增加—收入分配差距的理论路径展开。但需要高度关注的是，本书的理论分析框架揭示出，教育投入是否能够带来合理的收入分配格局具有不确定性，教育投入可能缩小收入差距、增加社会的平等，也可能反而扩大收入分配差距，并使得差距通过代际传递而固化。根据格兰杰因果检验，无论是我国居民自身的教育等人力资本投入差距，还是省级政府间教育等人力资本投入的差距，都与居民收入分配差距具有显著的因果关系，这是我国通过教育投入促进经济发展需要密切关注的地方，也是进一步完善教育投入宏观政策需要考量的重要因素和着力点。

第二节　高等教育与经济发展的关系

一、经济对教育的制约

（一）经济是教育发展的物质基础

教育作为培养人的活动，是社会发展的重要组成部分，它不是发生在真空中的，必须以经济作为基础。经济是人类社会存在和发展的基础，是引起和制约一切人类社会生活发展变化的决定因素，同样也是影响教育发展和变革的关键因素。一定的经济水平决定了教育发展所依赖的物质条件，同时也决定了教育发展的速度和规模。

物质资料的生产不仅是人类存在和发展的基础，也是人类一切社会活动存在和发展的基础。按照马斯洛的需要层次理论，人类有七种需要：生理需要、安全需要、归属与爱的需要、尊重的需要、求知与理解的需要、美的需要和自我实现的需要。这些需要从低级到高级排序，前四种需要是缺失需要，是生存所必需的，只有前四种需要被满足之后，人类才会产生对高级需要的追求。教育本身就是一种高级的需要，必须建立在人类的生存需要被满足之后。而经济是一种包括物质生产、交换、分配和消费的过程，为人类的生存和发展提供了物质基础，满足了人类的生理需要。所以，教育、文化、艺术、体育、政治等，都是在物质资料生产发展到一定阶段和水平才出现的。无论何种级别、何种类型的教育，都需要一定的人力、财力和物力条件作为支撑。自班级授课制出现以后，学校教育成为教育最为重要的形式。学校教育则需要教室、教师、教学设备等才能满足受教育者的需求。因此，经济发展水平决定着教育的发展水平。在生产力极不发达的古代社会，简单的经济组织形式决定了学校教育只能采取个别施教、以单向接受的方式来进行知识的传授。随着社会生产力的提高、经济的进步、物质财富的不断丰富，教育从最初的仅仅是少数人的特权发展到今天，基础教育已基本普及，高等教育也开始大众化，所以，经济为教育发展提供人、财、物等必要条件，是教育发展的物质基础。

（二）经济发展决定教育发展的速度和规模

经济发展决定教育发展的速度和规模，这主要是因为一个国家的经济实力决定着培养劳动力的数量和质量。教育发展的速度主要表现在受教育者数量的增长速度，而教育发展的规模则主要体现为受教育者的数量以及学校、师资等人力、物力的规模等。众所周知，教育是一项高成本的事业，其经费和投资主要来自于国家和政府的财政拨款。所以，教育能够培养多少劳动力、培养的复杂劳动力和简单劳动力的比例都不是主观意志能够决定的，要受制于经济实力和经济发展水平。经济发展决定教育发展的速度和规模主要是基于以下原因。

首先，经济发展水平决定了受教育者的数量。当经济水平落后时，人们温饱尚不能解决，社会不可能有更多的财力、人力去办教育和受教育，教育的规模就相对较小，发展速度就会缓慢。

其次，经济发展水平与教育程度和教育年限有关系。如果一个国家的经济发展落后、经济实力薄弱，就没有充足的经费用于普及义务教育、投资高等教育和职业教育，因此，教育的规模和发展速度就会受到限制。

最后，经济发展水平与学科、专业设置的规模和速度也有关系。众所周知，军事、航天等专业需要花费大量的资金，而一个国家的军事、航天的实力决定了一个国家的安全与未来，其重要性不言而喻。在新中国成立初期，因为我国的经济实力薄弱，尚无能力发展航天事业。而现在，随着我国经济的快速发展，国家能够投入越来越多的经费用于发展航天事业、储备航天人才。

中国航天事业自 1956 年创建以来，经历了艰苦创业、配套发展、改革振兴和走向世界等几个重要时期，迄今已经达到了相当的规模和水平，形成了完整配套的研究、设计、生产和试验体系；建立了能发射各类卫星和载人飞船的航天器发射中心和由国内各地面站、远程跟踪测量船组成的测控网；建立了多种卫星应用系统，取得了显著的社会效益和经济效益；建立了具有一定水平的空间科学研究系统，取得了多项创新成果；培育了一支素质好、技术水平高的航天科技队伍。

（三）经济发展影响教育的内容和方法

教育最重要的功能就是传播人类改造自然和社会的经验，即教育内容；传播的途径和方式就是教育方法。在生产力极为不发达的古代社会，学校开设的课程种类较少，课程结构和内容相对简单，主要是哲学、宗教、道德、语言等人文学科以及能够满足统治阶级需要的内容，例如我国古代的四书五经等都是关于人伦知识，是中国儒家思想的精华，有助于统治者稳定政权。工业革命以前，教学内容很少包括自然科学和技术方面的内容。随着社会的发展，科学技术在促进生产力发展和经济提升方面的重要性愈加凸显，学校中的教学内容越来越丰富，逐渐形成完整的科学体系，课程结构不断完善。

此外，经济发展水平也制约着教学方法的变革与更新。在古代社会，经济的落后决定了教学只能采取个别施教的方式。进入工业革命之后，科学技术的发展使得学校教育的组织方式发生了革命性的变革，出现了班级授课制。后来，幻灯、投影仪、计算机、录像等现代化视听设备和现代化的教学仪器、实验设备不断引进教学领域，这些现代化教学方法的应用，不但提高了教学效率，也使得人们的学习方式发生了变化。然而，教学设备的引进需要花费高昂的经费，如果没有强大的经济实力做后盾，先进教学方法的引进将成为天方夜谭。

斯宾塞是19世纪英国著名的哲学家、社会学家和教育家，是反对当时英国学校古典主义教育、提倡科学教育的主要代表人物之一。斯宾塞认为教育的目的是为"完美的生活作准备"，教育应从古典主义的传统束缚中解放出来，因为科学知识对人类生活最有价值。

斯宾塞之所以认为科学知识对人类生活最有价值，是因为他生活的年代背景。当时英国已经完成工业革命，传统的古典主义课程已经不能满足生活的需要，与此同时，自然科学迅速发展起来，因此，他提倡将自然科学的内容引进学校教育。

（四）经济结构制约教育结构

教育结构与经济结构的关系问题，是教育与经济相互关系的具体表现。教育结构是构成教育总体系的各个部分的比例关系及结合方式，主要是指教育的程度或级别结构、类别或专业结构。教育结构不是随意确定的，而是受到多种因素影响的，如生产力和科学技术的发展状况、政治制度、文化传统和人口结构等，都影响着教育结构的形成和变化，其中，经济结构是最重要的制约因素之一。经济结构是指国民经济总系统中的各子系统、各部分的排列、组合和结合方式。具体说是指国民经济的各种成分、各个部门以及社会再生产各个方面的构成、比例关系和相互联系，主要包括产业结构、技术结构、所有制结构、分配结构、消费结构等。经济发展引起产业结构、行业结构、技术结构、分配和消费结构的变革，与此相适应，教育结构也将随之发生变化。如大、中、小学的比例关系，普通中学和职业中学、全日制学校和业余学校的比例关系，高等学校中的不同层次、不同科类之间的比例关系等，都要与一定的社会经济结构相适应，否则就会导致教育事业内部各种比例的失调。总之，有什么样的经济结构，就有什么样的教育结构。随着经济的不断发展、经济结构的不断变化，教育结构也要相应地作出变化和调整，才能实现二者的良性循环。

（五）经济体制决定教育体制

经济体制是国家组织管理经济的方式、方法和制度的总称。教育体制则是国家管理教育的方式、方法和制度的总称。教育基本的经济功能是为经济发展提供劳动力和专门人才,这就更需要根据经济的要求制定教育目标、确定教育内容、改善管理方式。因此,经济体制决定着教育体制的基本模式,有什么样的经济体制就有什么样的教育体制。改革开放之前,我国长期实行的是计划经济体制,建立在这种经济体制上的教育体制以高度集中统一为特征,其自身存在着许多弊病,如在决策上国家和政府对教育管得过多、统得过死,政府和主管部门大包大揽,单纯依靠行政命令手段组织管理学校,调动不起学校的积极性和主动性。学校在人、财、物等教育资源的分配使用上,在学制、招生、分配等环节上没有自主权,学校缺乏生机和活力。改革开放之后,特别是20世纪90年代以来,我国开始由计划经济体制向市场经济体制转变,要适应经济体制的这种转变,教育体制的改革势在必行。1993年颁布的《中国教育改革和发展纲要》明确指出,我国教育体制改革的目标是建立起与社会主义市场经济相适应的教育新体制,这一新体制包括多元化的办学体制、多渠道的投资体制、政校分离的管理体制、自主招生与择业的招生和就业体制等。

二、教育对经济的促进

在现实社会中,一方面,经济发展受经济制度和社会制度的制约;另一方面,劳动力、自然资源、资本、科学技术、管理等也是影响现代社会经济增长的重要因素。其中劳动力、资本、自然资源是经济生产活动的物质基础,其他要素通过改善它们的质量来促进经济的发展。随着经济的不断发展,影响经济增长的各种因素也在不断发生变化,有的因素的地位和作用发生了变化,还有新的影响因素产生等。因此,探讨教育对经济增长的促进作用可以通过探究教育与影响经济增长的因素之间的关系来了解。在当今社会的经济发展中,高质量的劳动力、科学技术、管理和自然资源的合理开发利用越来越成为影响经济发展的关键因素。

以温州为例:温州以其经济模式而闻名中外,即"通过需求诱致型和大胆超前的局部经济体制改革所形成的一种区域经济社会发展模式",其主要特点是民营经济与市场经济的天然结合,利用民营化和市场化来推动区域的工业化和城市化,特别适用于欠发达地区的区域现代化进程。

温州在创办民办教育事业时充分地吸取了经济土壤的养分,温州民办教育模式是温州经济模式所带来的，这从温州民办教育发展的基本特征中可以得到实证。

1. 投资主体多元化。民营经济发展使温州人迅速致富，短期内完成了原始积累。民间资金富余，民营经济（包括社会）组织星罗棋布，灵活的市场制度普遍建立。这一方面为民办教育投资主体多元化奠定了物质基础；另一方面培育了旺盛的教育多样化的需求，为不同的投资主体架构了不同的办学动机合法性的伦理基础。

2. 办学形式多样。"随着市场经济的迅猛发展，对社会各种不同的实用人才提出了广泛的社会需求。这迫使办学者面向社会，随社会经济发展的需要办学，这种高度自发、分散的经济组织形态，也为办学形式多样化深层次地设定了环境框架与行动方式。"

3. 智慧式管理。温州经济发展是私营企业主与政府合作，体现了政府极大的政治智慧、行政智慧。在民办教育发展中，"温州市各级政府积极引入管理市场经济的成功经验，实施开放办学，制定鼓励民办教育的政策、法规、措施，引导社会力量参与开发教育市场。这对促进民办教育发展起到了积极的推动作用"。温州政府管理市场经济中最值得令人回味的是规避政策的政治风险，理解与尊重群众的个体创造，以"无为而治"的方式默认或支持民间自主创新，以市场的思维和方式渐进性地规范民间经济行为与方式。

（一）教育能够提升劳动者素质

教育作为有计划、有系统、有目标的培养活动，通过教师的指导、学生的学习和内化，能够有效提升学生的知识文化水平和劳动技能。一方面，学校教育将通过筛选系统的、科学的人类文化遗产传递给学生，提升学生的文化修养和思想觉悟、道德水准，而这些优秀的品质在学生进入工作岗位后，都能转化为敬业精神和对待工作的责任心，因而有利于劳动生产率的提高。另一方面，学校教育除了给学生传递基础知识之外，还要训练学生的实践能力、知识转化能力。在高等学校，所有的专业都给予实习机会，搭建实训平台，促进学生实践能力的提升。具有良好的实践能力的学生在进入工作岗位之后，能够迅速适应工作环境，将所学的理论知识应用到工作中去，为企业带来效益。总之，不管是基础教育还是高等教育，都能够促进学生德、智、体、美全面发展，为他们成为合格的公民及其持续发展奠定基础。

由于劳动者的体力和智力的提升，劳动者的素质随之提升，进而劳动生产率随之提高，于是推动经济发展。假定经济投入中劳动力的数量不改变，劳动力质量的提高就会使得经济总量因为劳动生产率的提高而实现增长，这样就使经济在节约资本和更多劳动力的条件下实现增长和发展。通过系统的学校教育和进入工作岗位之后的在职培训，劳动者的整体素质不仅可以得到提高，而且还可以使自身的劳动力形态得到改变。劳动者可以从最初从事简单劳动转变为从事复杂劳动，由普通劳动力转变为专门劳动力。教育所培养出的具有一定素质的人走进社会，成为社会的公民，担任一定的社会角色，对社会的稳定和发展发挥适应、改革和改造的作用。

（二）教育能够提升科技水平

在知识经济时代，科学技术将越来越成为推动经济增长和社会进步的最主要的动力。但是科学技术的产生和应用必须通过与其他生产要素相结合，创造出更多的物质财富和精神财富时，才能发挥作用。教育在促进科学技术转化为生产力的过程中发挥着举足轻重的作用，主要是因为：首先，教育具有积累、传递、发展科学技术的功能；其次，现代教育与生产部门和企业有密切的合作联系，实现了产、学、研结合，能够快速地使科学技术转化为生产力，从而促进经济增长。

现代科学技术的发展是依赖于教育的。因为科学技术的发展是建立在原有的科学技术的基础之上的，而原有的科学技术是长期积累的结果。教育的最主要任务就是积累和传递科学技术，使受教育者学会新技术、新技能、新方法，提升他们的科学技术水平，并将其与日后的生产经验、劳动技能有机结合起来，从而实现科学技术的推广与应用。现代教育，尤其是现代高等教育，担负着发展科学技术的重任，是科学技术创新的重要基地，聚集了高水平的科学家和技术人才，科学门类齐全、设备先进、经费充裕，具备进行尖端科学研究、跨学科研究等创造新的科学技术的充分条件。目前，大量的科学技术成果都是在高等学校中产生的。

教育能促进科学技术转化为生产力。高新技术发展的显著特征是科研、教学、生产相结合，使得知识、技术、人才高度集中，从而实现研究成果和科学技术的迅速转化。生产部门和企业要推广和应用新的科学技术成果，必须依赖于拥有创造性思维的高素质人才，而教育最重要的任务就是培养具有创新精神和实践能力的高素质人才，因此，教育为科学技术的转化提供了强大的人才资源。一方面，企业和生产部门在吸收和应用新的科技成果的过程中，需要依托于强大的科学、智力资源，而高等教育机构恰好能满足生产部门和企业寻求科学、技术、智力支持的需要。教育部门尤其是高等学校向企业转让最新的科研成果，为它们提供技术咨询和指导。另一方面，企业为高校的科研提供了经费支持和实验场所。因此，科研、教学、生产的结合能够加速科技成果的推广和应用，促进经济的发展。

（三）教育能够提升管理水平

所谓管理是指在在一定的环境和条件下，对组织的资源（包括人、财、物、信息、时间等基本要素）进行有效的计划、组织、领导和控制，以达成既定组织目标的过程。管理作为协作劳动的共生物，古已有之。单就企业管理来说，则是在人类发展史上出现了企业后才出现的，是随着从家庭个体手工业到工场手工业，再到机器工业而逐步发展起来的。因而可以说，管理是社会化大生产的客观要求和直接产物。20世纪以来，管理以及管理科学得到迅速发展，成为促进经济增长和经济发展的重要条件。管理与科学技术、教育一道被称为经济增长的三大支柱。管理水平的高低取决于多种因素，教育是核心因素之一。总体来看，教育在提高管理水平中的作用主要有：首先，培养管理者队伍。管理者的来源基本上有两个：一是直接从生产者和技术人员中提拔，把他们中的优秀者变为管理者。二是靠学校教育培养。学校教育通过各种社团活动、管理课程能够为企业提供优秀的管理者。其次，提高经济管理人员的素质。管理人员素质的提升，一方面可以依靠在实践中的摸索，积累经验；另一方面可以依靠教育和培训，教育在提高管理人员的素质方面具有更高的效率。

（四）教育与自然资源开发

自然资源是在一定社会经济技术条件下能够产生生态价值或经济价值的天然物质和自然能量的综合。自然资源是人类存在和发展的基础，同时也是影响经济增长的重要因素之一。自然资源一般分为恒定性资源、可再生资源、非可再生资源三种。太阳能、风能、潮汐等是恒定性资源；土地、森林、草原等是可再生资源，可以通过人工劳动使之恢复和再生；各种金属和煤炭、石油等则属于非可再生资源，随着开采和开发其存量只能越来越少。自然资源丰富的国家可以通过合理开采和使用自然资源，将其转为生产资料，推动经济发展。而自然资源不丰富的国家，只能通过进口来满足生产和生活的需要，这无形中提高了经济成本。因此，自然资源的拥有量和开发利用程度是影响经济增长的重要因素。20世纪以来，随着社会的快速发展，自然资源被过度开发，致使大气污染严重，资源枯竭型城市越来越多。要合理地开发、利用、保护自然资源，就需要人们了解自然资源的基本常识，掌握合理开发自然的方法和技术，同时还要求人们具有节约自然资源的意识和保护自然资源的生态观。这些知识、理念是推动一个国家和社会经济持续、健康、稳定发展的主要动因。

教育能够帮助人们了解和认识一个国家和地区的自然资源，包括资源的种类、数量以及资源的开发程度等，更重要的是，教育能够帮助人们学会正确合理地开发和使用自然资源。自然资源绝非取之不尽、用之不竭，尤其是能源、水资源、矿产资源、森林资源等，其再生相当困难。由于过去较长时期内人类无节制的开发利用，现在这些资源已日益减少，资源匮乏和资源危机已成为世界性的大问题。这就要求人们合理地开发和利用自然资源，避免盲目的掠夺式开采，注意节约自然资源。为此，就需要大力发展教育。教育一方面可使人们掌握现代科学知识和技术，尤其是有关资源开采、利用和回收方面的知识，从而提高开发利用自然资源的效率和质量，并引导人类想办法利用自然界中相对丰富的资源（如太阳能、风能、潮汐能以及生物能等），用相对丰富的资源去代替那些贫乏的、稀有的、不可再生的资源，以解决某些资源的短缺问题。教育能够帮助人们树立正确的资源观，具有保护自然环境和节约自然资源的意识，自觉地处理好人与自然、人与资源、人与环境的关系，做到既开源又节流，既利用自然资源又改善自然环境，使自己的生产和生活方式适应合理开发和利用自然资源的要求。

三、教育与经济的协调发展

（一）教育与经济协调发展概述

1. 教育与经济协调发展的含义

教育与经济协调发展就是指教育所培养的劳动力的总量和结构与经济发展的需求相适应。教育的经济功能主要体现在为经济发展输送不同程度的劳动力，通过教育和培训提升劳动力的知识文化水平、劳动技能，进而提升劳动力的整体素质。教育与经济是两个不同的系统，劳动力的数量和质量是两个系统的交集。因此，教育与经济两个系统相互协调的意义就在于教育所培养的劳动力的数量、质量能够满足经济发展的需要，即教育供给的劳动力与经济需求的劳动力在数量、质量和结构方面相互吻合。

2. 教育与经济协调发展的表现

教育与经济的协调发展主要表现在三个方面：数量的均衡、结构的均衡和地区间的均衡。

（1）数量的均衡

数量的均衡是指各级各类教育每年所培养的学生的数量能够在总量上与经济、社会发展的需求相一致，既不能过多也不能过少。按照我国法定劳动年龄，16岁以上的青年即可就业。因此，只有16岁以上的青年可以算作劳动力，能够为社会创造经济价值。所以，数量均衡主要是指初中以上的毕业生，包括高中、中等职业技术教育、高等教育的毕业生的数量与经济和社会的需求相一致。

（2）结构的均衡

众所周知，教育包括各个级别、各个类别，在高等教育阶段又包括不同的专业。然而，现实社会中在一定范围内不同的职业并非只对应某一级别或者某一专业的劳动力，因此，劳动力在一定范围内具有可替代性。教育的类别和专业结构并非与经济的产业、行业和职业结构一一对应，所以从社会需求和教育供给来讲，结构的均衡是相对的。

（3）地区间的均衡

所谓地区间的均衡是指某一地区教育所培养的劳动力在数量和结构上应该与

该地区经济发展所需要的劳动力相一致。在我国，由于高等院校大都集中在东部沿海城市和发达地区，使得这些地区集中了过多的劳动力；而在中西部地区，由于经济的落后，劳动力不论是在质量还是在数量上都严重不足。因此，地区不均衡的问题在我国是一个亟待解决的重要问题。

教育与经济的协调发展是一种理想状态，在现实中，教育与经济的非协调发展是常态。因此，保持教育与经济的协调发展并非是要两者达到理想状态的均衡，而是要将非均衡状态控制在可以接受的范围之内，尽量降低由于不均衡所带来的消极影响。

（二）教育与经济非协调发展概述

1. 教育与经济非协调发展的表现

所谓教育与经济非协调发展就是指教育所培养的劳动力在数量、结构、区域方面与经济发展的需求不一致。

首先，从数量方面来看，教育与经济的非协调发展主要表现为教育不足或者过度教育与知识失业。教育不足主要是指个体劳动力所受过教育的水平低于其工作所需要的教育水平。从宏观上来看，主要表现为一个国家受过教育或受过高等教育的劳动者的数量不足。教育不足的现象在发展中国家和欠发达地区较为常见，在这些地区因为经济落后，温饱问题尚未解决，人们没有充足的金钱去接受高等教育，因此在这些国家和地区中，文盲和半文盲的比例相对较高。在生产领域中，劳动力所拥有高等教育文凭的比例相对较低，不能满足经济发展需求。过度教育是指一个社会或个人所拥有的教育超过了他的所需或所望。过度教育主要表现为：受教育人口的失业率比较高，甚至超过未接受教育的人口或者教育层次低的人口；受教育人口的专业技能未得到充分利用或就业不充分，或学非所用；高才低用，大学毕业生从事通常由高中生就可胜任的工作，而高中毕业生则从事由初中生就可胜任的工作；接受过某一水平教育的人，现今的实际收入比以前低。知识失业是与过度教育相伴的。

其次，从结构方面来看，教育与经济的非协调发展主要表现为某一层次或某一专业的人才过量与人才短缺同时存在。例如，在我国改革开放初期，同市场经济相联系的财经、国际贸易、经济管理和政法等专业人才短缺，同计划经济相关的专业人才过剩；某些高新技术产业的人才短缺，而某些传统技术产业的人才过剩。

最后，从区域方面来看，教育与经济的非协调发展主要表现为经济发达地区人才过于密集，而经济欠发达地区和农村地区则人才匮乏，在发展中国家还存在人才外流现象。

2. 教育与经济非协调发展的原因

教育与经济非协调发展，不仅会影响经济的发展和进步，而且会造成人才资源的浪费，影响教育、经济和社会的稳定。教育与经济非协调发展的原因是多方面的，总体来看，主要有以下几点。

（1）教育周期与经济周期不同步

不同级别的教育由于学制不同，具有不同的周期。经济也有周期性，呈现增长、停滞、衰退交替出现。一般而言，教育的周期相对固定，而经济周期无固定时间，两者周期长短不一致，呈现非同步。当经济高速增长时，经济规模就会扩大，对劳动力的需求就会急剧增加，这时就需要教育能够提供充足的人力资源，但是，若教育供给不能满足社会需求，就会出现人才短缺的情况。反之，当经济衰退或者停滞时，经济规模就会缩小，从而对劳动力的需求就会减少，对教育资源的供给能力也下降，但是教育培养劳动力依旧是按照原来的计划进行的，这些毕业生进入市场时就会出现人才供给过剩和失业现象。

（2）经济技术结构的快速变动性与教育结构的稳定性不相适应

在知识经济时代，知识、技术更新的节奏变快。例如，电动机从发明到应用共用了 65 年，真空管用了 31 年，雷达用了 15 年，电视用了 12 年，集成电路仅用了 2 年，激光只用了 1 年。总之，新的科学技术的广泛应用将引起知识结构、技术结构、产业结构以及职位结构的变化与更新，这些变化也对劳动者的知识、技能和专业提出了新的要求。但是教育的专业设置、课程内容、师资配置等都是相对稳定的，因此，教育结构的变革必将落后于经济和技术的变革。由此可见，经济技术结构的快速变动与教育相对稳定的不相适应，容易造成教育所培养的人才不能满足或者落后于社会的需求。

（3）经济体制转轨与制度缺陷

不同的经济制度对人才的培养目标与要求截然不同，例如，在市场经济条件下与计划经济条件下，经济发展对人才结构、教育的专业结构会有较大差别。当一种经济体制转向另一种经济体制时，由于教育的稳定和滞后，必然会造成某类人才在一定时间内的短缺，从而导致教育与经济的非协调发展。

（4）地区经济发展不平衡

我国城乡之间、地区之间的经济发展水平存在着较大差别，进而在用人政策以及工资和福利待遇等方面也存在着较大的差别，由此导致在人才流动的过程中，经济发达地区和大中城市人才过于密集，而经济落后地区和农村地区人才匮乏，这是造成教育与经济在区域间发展不协调的重要原因。

（三）教育与经济协调发展的基本对策

保持教育与经济的协调发展，不仅有助于经济持续、健康、稳定地增长，也有助于教育质量的提升。总体来看，保持教育与经济协调发展的基本对策主要包括以下几点。

1.教育与经济发展在规模和速度上保持一致

在现代社会，教育与经济之间存在着密切的关系。一方面，经济发展决定教育发展。另一方面，教育对经济发展也具有极其重要的作用。鉴于教育是促进经济增长的重要因素，各国都把教育作为国民经济发展的战略重点，确保教育优先发展的战略地位。但是，教育事业的发展必须依赖于一定的经济基础所提供的物质条件，即人力、财力和物资，保持与经济规模和速度发展相一致。若教育事业发展规模过小、速度过慢，则教育所提供的人力资源不能满足国民经济发展的需求，就会导致经济衰退；反之，若教育事业发展规模过大、速度过快，超过了经济基础的限度，那么教育所培养的劳动力就可能会失业，造成人才资源的浪费。因此，只有保持教育事业发展的速度和规模与国民经济增长的速度和规模相一致，才能保证教育所培养的劳动力发挥其人力资源优势，为国民经济发展做出贡献，既要避免教育不足，更要避免过度教育和知识失业。基于此，对于未来的教育、经济发展进行科学的分析与预测，计算教育的供求与经济发展之间的关系，制定正确的教育发展战略和规划是保证二者协调发展的重要举措。

2.教育与经济发展在结构上相适应

教育与经济发展必须在结构上相适应，这是实现教育与经济协调发展的进一步要求。经济结构是指国民经济的大系统中各部分的排列、组合和结合方式。教育结构是构成教育总体系的各个部分的比例关系及结合方式。这两种结构都具有形式的复杂性和内容的丰富性，因此，教育与经济结构相适应也应该是多方面和多层次的，归结起来，应把握好以下三点。

（1）教育的级别结构必须与经济部门的劳动技术结构相一致

实现教育与经济的协调发展还需要保持教育与经济在结构上相适应、相一致。经济结构主要包括两个方面的内容：一方面是劳动技术结构，主要指生产部门中各种不同技术之间的比例关系，如自动化、半自动化、机械化、半机械化、手工操作之间的比例关系；另一方面是指各个产业或行业中初、中、高技术水平的从业人员在整个从业人员中所占的份额及结合关系。所谓教育级别结构主要是指初等、中等、高等各级教育程度在校学生在整个教育系统学生总数中所占的份额及结合关系。一般而言，不同的经济部门、不同的生产单位，所使用的劳动力的技术程度是不同的，对劳动力的组成结构及比例有不同的要求。教育的不同级别对应着不同的劳动力结构，一般而言，受教育程度越高的劳动者越能从事和承担高技术水平的工作。因此，一定的教育结构必须与经济部门的劳动技术结构相一致，才能保证人才的充分利用。从目前来看，我国的教育级别结构和经济部门的劳动技术结构失衡现象较为严重。一方面，教育自身结构不均衡，受传统的"学而优则仕"观念的影响，我国的高等职业技术教育处于弱势地位，而造成高考"千军万马过独木桥"的激烈竞争。另一方面，劳动技术结构不均衡，中、高级技术人才比较匮乏，造成了两者之间的不协调。因此，必须大力发展我国的职业教育，培养更多的技术应用型人才。

（2）教育的类别结构必须与国民经济的产业结构相一致

教育类别结构也称教育专业结构，是指各类教育在校学生数占全部教育系统在校总人数的比例，以及各类教育在校学生人数之间的比例关系。它是按照教育的类别或专业划分的，是各类教育在中等教育以上全部类别教育中所占的比例。从大的类别方面划分，有普通教育与专业教育之分。一般认为划分教育类别结构不应包括初等教育，应从中等教育开始划分。中等教育类别主要有普通中学、职业中学、中等技术学校、中等职业学校、中等专业学校等。高等教育专业系科类别主要有文科、理科、工科、农（林）科、医学、师范、财经、政法、体育、艺术等十几大类，每个大类可再细分为各种具体教育专业。产业结构是指国民经济各部门之间及内部的比例构成，如第一、二、三产业之间的比例和构成；生产资料的生产与生活资料的生产两大部类之间的比例和构成；农业、轻工业和重工业之间的比例和构成；农业内部、轻工业内部和重工业内部各行各业之间的比例和构成等。

世界上大多数国家都把国民经济各部门划分为三次产业，用三次产业之间的比例关系来表示国民经济结构。1935 年，费希尔在其著作《安全与进步的冲突》中提出了三次产业分类法：产品直接取自自然界的部门称为第一产业；对初级产品进行再加工的部门称为第二产业；为生产和消费提供各种服务的部门称为第三产业。1985 年 5 月，我国国务院办公厅转发了国家统计局关于建立三次产业统计的报告，正式采用三次产业分类法。并把三次产业划分为：第一产业，农业（包括林业、牧业和渔业）；第二产业，工业（包括采掘业、制造业、自来水、电力、蒸汽、热水、煤气）和建筑业；第三产业，除第一产业和第二产业以外的其他各业。由于第三产业包括的行业多、范围广，所以又分为两大部门（流通部门和服务部门）和四个层次。第一层次：流通部门，包括交通运输、邮电通讯、商业饮食、物资供销和仓储各业。第二层次：为生产和生活服务的部门，包括金融保险、地质普查、房地产、公用事业、居民服务和旅游各业。第三层次：为提高科学文化水平和居民素质服务的部门，包括教育、文化、广播电视、科学研究、卫生、体育和社会福利各项事业。第四层次：为社会公共需要服务的部门，包括国家机关、政党机关、社会团体以及军队和警察等部门。

产业结构的变化必然引起劳动力从业结构的变化，而劳动力从业结构的变化必然要求教育类别结构进行相应的调整。产业结构决定了它所需求的劳动力结构，教育结构决定了它所供给的劳动力结构，劳动力结构是联结二者的中介。从社会再生产的角度看，教育部门是劳动力的供给者，国民经济各部门是劳动力的需求者，二者之间存在一种供求关系，即劳动力的供求关系。这种供求关系与物质产品的生产者和需求者之间的供求关系一样，生产者的供给只有和需求者的需求相适应，才能保持供求平衡。教育类别结构与经济部门的产业结构相适应，培养出来的人才的规格和数量满足各行各业的需要，就能促进国民经济的发展，也能使教育投资充分发挥其经济效益。反之，如果教育类别结构与经济部门的产业结构不相适应，就会出现有的部门和行业人才缺乏，有的部门和行业人才过剩，"事找不到人"和"人找不到事"的现象。其后果是：一方面，人才供给失衡，引起产业结构比例失调，从而影响整个国民经济的发展；另一方面，有些人学非所用，有些人用非所学，降低了人力资本的使用效率，从而使一部分教育投资不能发挥其经济效益。因此，教育结构是否合理具有重大的经济意义，为了保证国民经济的稳定发展和教育经济功能的充分发挥，教育类别结构必须与经济部门的产业结构相适应。

（3）教育的布局结构必须与地区的经济结构相一致

教育的布局结构主要是指各级各类教育在不同地区的分布结构。国民经济的地区结构是指国民经济各个部门、各种经济形式、各个组织和社会再生产各个环节在一个地区的构成、联系和结合的方式。我国国民经济的地区结构是极不平衡的，东部沿海地区经济发达，中西部地区经济发展缓慢、生产力水平相对落后。由于各地区经济发展不平衡，从而造成了教育发展不平衡的格局。一般说来，经济发达地区物质条件较好，教育事业发展较快，各级各类学校布局也较合理；经济落后地区物质条件较差，教育事业发展相应缓慢，各级各类教育难以做到合理。鉴于我国经济区域发展不平衡的现状，为使教育布局结构与地区经济结构相一致，应做到以下几点。

首先，在东部沿海城市、经济发达地区和内地少数发达地区，初等、中等教育学校数量较多，设施先进，布局也基本合理。因此，这类地区应着重考虑中等教育学校的布局，逐步普及中等教育，并发展中等职业技术教育，使中等教育结构趋于合理；高等教育的类别、学科专业设置和布局要尽力做到结构合理、硬件先进，保证教育质量。

其次，在经济中等发达地区，首要任务是普及九年义务教育，使小学的布局结构合理，同时兼顾中等教育，做到普通中学和各类职业技术学校布局合理、结构均衡，逐步向普及中等教育迈进。

最后，在经济不发达地区，应该着力做到小学教育的布局结构合理，完成普及九年义务教育。

总之，一个国家的教育结构不是随意确定的，受多种因素所制约，其中主要受经济结构所制约，因此，根据国民经济结构的变化确立合理的教育结构是保持教育与经济协调发展的重要举措。随着国民经济的快速发展、经济结构的不断变化，教育结构也必须对经济结构的变化作出快速反应，进行相应的调整和变革，使教育结构与经济结构保持动态的平衡。

教育发展与经济发展是相互影响、相互制约的。一方面，经济发展决定教育发展；另一方面，教育发展促进经济发展。经济发展对教育发展的决定作用主要表现在经济发展决定教育发展的速度和规模、教育的结构、教育体制。教育对经济的促进作用主要表现在教育能够提升劳动者素质、科技水平、管理水平和促进自然资源的合理开发。教育与经济应该保持协调发展，做到在发展速度和规模以及结构上保持一致。

第三节　高等教育促进经济发展的路径

学者一般认为，高等教育发展对经济发展的促进的基本途径有三种：高等教育发展为经济发展提供前提条件、高等教育发展影响经济运行效率和高校科研成果可以直接转化为物质生产力。

一、高等教育发展为经济发展提供前提条件

不管是任何时代或者是任何国家，经济发展说到底都要靠劳动者来推动，尤其是那些掌握高级知识和技能的劳动者。英国经济学家哈比森曾提到："资本和资源是被动的生产要素，人是资本积累、开发自然资源、建立社会和经济政治并推动国家向前发展的主动力量，因而人力资源是国民财富的最终基础。"由此可以看出人力资源在国家经济发展中的突出作用。

当社会进入知识经济时代后，经济发展更主要依靠知识与科技创新。这样一

来，接受过高等教育的人才在经济发展中的作用更加突出。简而言之，国家高级人力资源的储备情况直接决定了未来经济发展水平。

高等教育制度的基本功能之一就是培养高素质人才，通过向社会各个领域输送大批高素质毕业生，引起社会生产的变革和创新，提升劳动生产率，促进经济发展。高等教育规模决定着人才培养的数量，同时，高等教育的结构决定着国家培养不同类型和层次的人才的质量，这两方面直接决定着高层次人力资源的丰富程度。

二、高等教育发展影响经济运行效率

高等教育发展通过提高社会的科学管理水平提高经济运行效率。

现代生产是需要分工协作的大企业生产，这种生产需要较高的管理水平。管理是人们为了生产和生活需要而采取的对经济活动的一种自觉的控制，是人类社会生产和生活实践的客观需要。在现代生产和市场经济的条件下，管理已成为经济增长和社会发展的决定性因素。因而科学的组织管理有利于人力、物力及财力等资源的合理调配，并能提高这些资源的利用效率，进而促进经济发展。

组织管理水平的提高首先取决于高素质的管理人员和先进的管理方略。先进的管理方略除了来自实践领域的经验总结，也需要大学对于组织管理的创新研究以及对一流的管理人才的培养和供给。从这一角度看，高等教育对管理人才的培养和对组织管理的研究的成果在实践领域的运用有助于推动经济发展。其次还取决于高素质的广大普通劳动者的自觉。高等教育发展无疑会大面积提高普通劳动者的综合素质、对组织的适应能力和组织内的人际沟通能力，这些都有利于现代组织管理的顺利进行。

三、高校科研成果可以直接转化为物质生产力

这是现代高等教育制度的一个新功能，也是越来越明显的一个功能，同时也是高等教育尚未得到系统研究的一个侧面。

现代社会是知识经济社会。在知识经济社会里，科技的创新与应用是推动生产领域变革、提升劳动生产率的重要源泉。高等教育的核心部分是研究型大学。研究型大学不仅肩负着科技知识传递的重任，同时还肩负着科研创新的重任。在

社会经济和科技发展水平都比较高的发达国家，高校科研在国家科研体系中扮演着重要角色。高校科研成果直接应用于生产，转化为物质生产力的例子越来越多。依托高校而建的美国硅谷其实就是高校科研成果直接转化为社会的物质生产力的成功案例之一。

第四章　高校收入与支出

第一节　高校收入

虽然不同国家的不同所有权性质和不同事业内容（层次和类型）的高校，其收入来源及具体构成比例有所不同，但是在收入来源的基本构成类别、主要特征和发展趋势上，仍然具有很多明显的共性。这就为高校收入的国际比较研究提供了可能性。

一、高校收入来源

在世界上的不同国家里，高校收入一般有以下六个主要来源：学杂费、政府财政拨款、科研费、捐助捐资、营销和活动服务收入、其他收入。其中，学杂费和政府财政拨款是高校收入来源的两个重要组成部分。另外，最近若干年高校收入呈现学杂费比例上升、政府财政拨款比例下降的明显趋势。

（一）学杂费

学杂费指学生因接受高等教育而支付的现金所形成的高校收入，包括高校向所有学生收取的学费和强制性杂费收入。学杂费是高校收入的重要来源之一。杂费因不同国家高等教育制度传统的差异而存在显著差异。比如，世界上很多国家收取新生注册费，而在我国的高校中，很少向学生收取注册费。

学费的收取方式有两种：根据接受教育的时间收费，主要采取学期收费或学年收费的方式，即在学一个学期或一学年就收取固定学费；根据教育内容收费，主要采取学分收费的方式，在这种方式中，所修学分越多所需交纳的费用就越多。

一般认为，学分收费更能体现市场原理，提高个人教育投资的效率。

（二）政府财政拨款

政府财政拨款指各级政府向高等学校直接拨款而形成的高校收入。如果把政府划分为三个基本层次：中央政府、省级政府（在美国和一些欧洲国家为州政府）和县级及以下地方政府，那么，负责向高等学校拨款的主要是中央政府与省级政府。

在不同国家里，中央政府和省级政府向高等学校进行财政拨款的比例不同。比如，在美国，能够向高等学校进行财政拨款的不仅有联邦政府，还有州政府和地方政府；而在我国，能够向高校进行财政拨款的主要是中央政府和省级政府。

在不同国家里，不同类型的高等学校获得的政府财政拨款与不同类型的财政拨款往往来自于不同层次的政府部门。比如，在美国，州立四年制大学与学校主要是州政府拨款，社区学院主要是当地政府拨款。联邦政府的拨款主要是科研费与学生资助，其他的财政拨款则来自州政府与地方政府。

（三）科研费

科研费是指高等学校通过承担科研项目而获得的收入。科研项目不仅有政府的科研基金项目，还有来自政府、企业和社会其他组织的委托项目。

目前，科研费被广泛认为是在政府减少财政拨款的大环境下，高校扩大财政来源的重要方式之一。但是，需要注意的是，能够获得大量科研费的只是少数研究型大学。即使在获得大量科研费的研究型大学中，科研经费也往往集中在个别系科或研究者手中。另外，科研费往往客观上具有某种特殊的使用目的，难以在高等学校内被校方根据自己需要而调配使用。

（四）捐助捐资

捐助捐资指社会企事业单位或个人向高等学校捐赠实物或资金而形成的高校收入。其中，占据主要地位的是捐赠资金。这项收入越来越成为一些高校收入的重要组成部分。

然而，与科研费类似，不是所有高校都能够获得大量的捐助捐资。世界所有国家的高校捐助捐资都集中在历史传统悠久的少数大学中，比如，美国的哈佛大学和耶鲁大学、中国的北京大学与清华大学等。整体上，通过捐助捐资获得的收入能够对学校整体财政发生影响的，在美国不过有二三十所学校，在我国不过有5至10所学校。至于其他大学，即使学术水平还不错，也很难获得相当规模的捐助捐资。

（五）营销和活动服务收入

高校的营销和活动服务收入指高校通过提供社会服务所获得的收入，主要包括教育活动服务收入、后勤服务收入、医院经营收入和独立经营单位上缴收入四部分。

教育活动服务收入指从学校办学理念所规定的正常教育活动之外的其他教育活动中获得的收入，如我国高校创办的各类研究生课程班的学费收入。

后勤服务收入指从向学生提供的后勤服务中获得的收入，比如向学生收取的住宿费。

医院经营收入指高校附属医院对外开展医疗服务获得的收入。现代的综合性高校中一般都设有医学相关专业，为了更好地进行医学相关的教育和科研活动，很多高校因此设有附属医院。附属医院的本来目的不是对外营业获取收入，而是服务于相关专业的教学和科研活动。但是，附属医院对外营业之后，自然就会产生相应的营业收入。当然，高校附属医院顺利开展活动所需要的相应财政支出也比较大，所以，收不敷支的高校附属医院也不在少数。

独立经营单位上缴收入是高校所办企业上缴的部分利润。所谓独立经营单位，简而言之，就是高校开办的以营利为目的的各类公司。需要注意的是，高校办公司不是我国的首创，很多国外高校也开办各类公司。这些独立经营单位每年要向高校交纳一定份额的收入提成。

（六）其他收入

除上述五部分收入之外，高校常常还会有一些其他方面的收入来源，比如，用于高校活动的巨额流动资金储蓄所产生的利息收入，以及闲置房地产和设备对外出租所产生的租赁收入。但是，这是高校收入中所占比例非常小的一部分，有时候小到甚至可以忽略不计。当然，银行贷款融资也是高校当期收入的一部分。

二、高校收入的类型

高校收入类型的划分有不同标准。上述高校收入的来源其实也是收入分类的一个方式。另外，根据收入来源与高校教育科研活动的关系，可以把高校收入划分为教育和一般收入及其他收入；根据收入进入高校时投资人是否指定资金用途，可以把高校收入划分为使用受限制收入和不受限制收入；根据高校收入与政府财政拨款的关系，可以把高校收入划分为政府财政拨款与高校自筹资金。

（一）教育和一般收入

在上述各项收入中，很多研究者更关心用来支付具有特定使命活动的收入来源，尤其是与教育科研活动密切联系的收入来源。由于教育活动服务、后勤服务、医院经营收入、独立经营单位上缴收入、其他收入等和高校的教育科研活动无关，从上述各项收入的总和中减去这些收入，就是高校的教育和一般收入。高校的教育和一般收入的明确界定是研究高校生人均教育成本和资金使用效率的重要基础。

（二）使用受限制收入和不受限制收入

在上述这些不同来源的高校收入中，有些收入在进入高校时就由资金提供者确定了资金在高校内的使用用途，学校管理当局没有权力把这些收入用于限制用途之外，这些收入就叫做使用受限制收入。

同时，在上述这些收入中，有些收入在进入高校时没有确定使用用途，学校管理当局可以把这些收入用于自己认为必要的开支之上，这些收入就叫作使用不受限制收入。

在这两种资金投入方式中，究竟是哪一种更好一些，需要视当时情况而定，不能一概而论。一般说来，在资金投入高校时，指定资金的明确用途，有利于提高资金的符合目标的使用效率。但是，不利于提高学校进行这些活动的积极性，不利于学校发挥主观能动性。反之，则优缺点与实际效果相反。从世界各国的发展趋势来看，原来受限制较多的国家逐渐提高了不受限制投入的比例如日本。原来受限制较少的国家则逐渐提高了受限制投入的比例，如我国。总之，根据实际情况，准确把握二者在整体中的比例至关重要。

（三）政府财政拨款与高校自筹

政府财政拨款指高校收入中来自政府财政拨款的部分。高校自筹指高校收入中通过高校的各项活动而获得的收入。高校自筹资金在整体收入中的比例是衡量高校性质的重要标志。

三、高校收入的基本特征

虽然在世界上各个国家的高校里，不同来源的收入在整体收入中的比例差别很大，但是还有一些明显的共性特征可循，如学杂费和政府财政拨款在其中所占的比例比较大。

在当前世界上的大多数国家里，不管是公立高校还是私立高校，学杂费和政府财政拨款都是高校收入的主要部分。一般说来，二者之和要占据高校全部收入的80%以上，在某些国家的某些类型的学校里，所占比例可能还会更高。

但是，学杂费和政府财政拨款在公立和私立高校稍有不同。在公立高校的收入来源里，政府财政拨款所占比例要高一些，大都高于学杂费收入的比例。而在私立高校恰恰相反，学杂费收入所占比例要高一些，大都高于政府财政拨款的比例。即使现在的发展趋势是学杂费比例升高同时政府财政拨款比例下降，上述基本特征仍然存在。

四、高校收入的发展趋势

和高校收入来源一样，高校收入的发展趋势在不同国家之间差距也很大，但是仍然存在着一些明显的共性特征。共性主要体现在以下两点：第一，高校整体收入中，学杂费比例上升而政府财政拨款比例下降；第二，高校越来越重视筹资战略。

从最近30年世界高校收入的发展趋势而言，一个最明显的发展趋势就是，高校收入中的学杂费比例相对升高而财政拨款比例在逐步下降。这个发展趋势对于不同类型高校的影响不同。对于私立高校而言，从建立之初起，就主要依靠高校自己的资金而生存和发展，政府财政补助本来就不占主体地位。但是对于公立高校而言，其财政本来一直由政府承包，随着政府财政拨款比例的降低，学校财政困难和如何筹措资金就成为进一步发展的最大挑战。

另外，公立高校财政比例逐渐下降还会产生更深刻的理论和实践问题。比如，在美国的公立高校中，收入状况甚至一度达到财政拨款所占比例只有40%左右，和学杂费收入比例差不多，而且这个比例与私立高校几乎相当。这个趋势致使有人质疑，现代社会里公立高校存在的合理性和发展前途。

但是，政府财政拨款比例下降并不意味着政府完全抛弃了高校尤其是公立高校。细心的研究者都会发现，大部分国家的政府高等教育财政拨款的绝对数额在大部分时期还在以明显比例持续增长，而且这个比例都未明显低于经济发展和整体政府财政支出增长的速度。只是政府高等教育财政拨款增长的速度远远赶不上高校财政规模扩张的速度而已。其结果是，高校财政规模扩张主要得力于高校最近若干年采取的积极的资金筹措战略。高校采取积极的筹资战略从某种角度而言是被动应对高校规模扩张压力的结果。

第二节　高校资金筹措

几十年来，世界各国高校的发展都有一个共同趋势，那就是高校组织的规模和人均费用越来越大，但是，与此相反，来自政府的财政补助比例却越来越低。为此，如何保持收支平衡就成为各个高校财政管理的重要任务。收支平衡的根本措施无外乎开源与节流两个方面。积极拓展收入渠道和扩大收入规模的开源方法就是资金筹措。高校采取积极的资金筹措的战略极大地改变了高校与资本市场的关系，而且在这个资金筹措的过程中，新型的高校资金筹措方式不断得到开发与利用。

一、高校资金筹措的主要战略

从历史发展趋势来看，高校筹措资金的主要战略可以分为传统方式与新型方式两种。

高等学校使用的比较传统的资金筹措方法有两种：第一，提高学费标准。提高学费标准对于高校而言是最简便易行的方法。最近若干年，各个国家的高校学费标准上升都很快，但是高校学费不可能无限制提高。尤其是在公立高校，提高学费所面临的政治压力很大。第二，通过游说方式促使政府的拨款机构在拨款时扩大对高校的财政支持。这种方法在提高整体高等教育制度的财政拨款比例上的作用比较有限，但在某一类型的拨款或具体高校的财政拨款增额上相对有效。

随着高等教育的不断发展，一些新型的高校资金筹措方法不断被开发出来和利用。这些新的筹资方法主要有以下几种：第一，提高高校的经营效率。尤其对于公立高校而言，这是一个较新的概念。这个方式实质上是对传统高校缺乏经费使用上的效率观念的反思，是开源而不是节流的方法。第二，扩大教育活动的服务范围，增加教育服务活动的收入。这是广泛得到期待的筹资方式，也是所有类型的高校都可能使用的方式。从其本质上来看，它是对传统教育的延伸，其服务对象多是非传统的学生，而且服务方式也多是非传统的，如网络教学。第三，扩大社会捐赠规模。如前所述，这仅仅是一部分大学能够做得到的。第四，积极利用完善的金融市场，通过投资与融资行为获得各类资金。尤其是建立基金会，通过投资行为为高校筹措资金。当然，高校基金会的重要作用之一还在于扩大社会捐赠规模。总而言之，为了获得更多的资金和发展机会，现代高校的资金筹措等经济行为越来越复杂和多样化。

二、高等教育服务市场的扩大

为了筹集必要的资金，高等教育的服务市场不断扩大，体现为服务对象范围扩大与服务方式多样化。

首先，高等教育服务对象范围扩大。目前，世界上主要国家的高等教育的服务对象不再局限于高等教育的适龄人口，而是扩充到假期学校为主体的短期培训、在职人员的职业培训与退休人员的再入学教育上。另一个范围的扩大是把目光转向其他国家的高等教育适龄人口上，以从中获取高额的学费。

其次，服务方式改变。由于短期培训、在职人员培训、退休人员的再入学教育与传统高等教育受教育人口的教育要求不同，导致在课程编制、教学形式与教学方法等方面都出现了很大差异。整体而言，这类教育服务更强调资源的使用效率。

三、高等教育中的资本市场

在现代社会里，高校要想迅速地获得大量资金，充分利用现有的资本市场是基础。各国高校在筹资过程中，确实也积极与合理地利用了各种各样的资金市场。

（一）资本市场

资本市场通常是指资本流通的桥梁与场所，有广义与狭义之分。广义的资本市场，主要是指包括金融、保险、风险、证券、信贷、资产、投资等市场在内的货币流通桥梁与场所。狭义的资本市场，主要是指以信贷业务、证券交易和风险投资为主要内容的货币流通中介及场所。目前高等教育领域所说的"资本市场"大多指狭义的资本市场。其中的"信贷业务"主要是指金融市场中的银行货币存储与借贷；"证券交易"指的是证券市场中的股票经营与交易；"风险投资"则是指民间组织或个人通过聚集社会闲散资金，形成具有一定规模的风险资本，对产业的科技开发、技术创新和科技成果转化进行投资，以缓和高科技研发对初创资本的大量需求与有效供给不足之间的矛盾。

（二）高校与资本市场的有机结合

从历史上看，高校与资本市场的结合源远流长。高等教育这一社会制度从其产生的那一天起，就宿命般地把命运系于如何获得自身生存和发展所必需的社会资源上。

现代意义上的高等教育与资本市场的结合，最初源于市场体系极为发达的美国，发轫于美国一些一流大学的投资管理。在美国，高等教育系统中部分一流大学有着数额较为庞大的发展基金。为了更好地进行融资，只好通过购买股票的形式将学校的发展基金投入资本市场，其目的是为了获取比银行利息更高的"利润"，保证基金的增值，以用于大学未来的发展。但是，由于这些学校的"非营利"的组织定位，这种介入更多的还只是一种形式上的收入。

高校"实质性"地进入资本市场，则是近十多年来的做法。现代高校和资本市场结合有两类不同性质的行为：其一，传统公私立大学的投资与营利行为；其二，以营利性为目的的私立大学的出现。传统公私立大学的投资与营利行为还没有超出传统价值观对高等教育经济行为的认识，毕竟，这种投资所获得的营利要用于高校建设，其目的在于高校未来发展。但是，随着营利性高等教育机构的出现，高等教育介入资本市场的方式与目的都已发生了质的变化。在方式上，从大学购买股票变为学校发行股票；在目的上，则从非营利（获利用于学校发展）变为营利（获利用于股东分红）。这使高校和资本市场的结合进入了一个新的发展阶段。

（三）高校贷款

高校贷款是指高校通过银行借贷获得活动所需资金的一种融资方式。与其他社会机构一样，高校也有资金周转不灵的时候，这个时候就需要通过借贷来消除资金运营中的不畅。从这个意义上来说，高校贷款是一种很好理解的正常经营行为。传统上，无论是公立高校还是私立高校，只要高校属于非营利性质，那么采取高校贷款进行融资的行为就不多。但是，随着营利性私立高校的兴起，在这类高校中，银行贷款的使用非常普遍。

一般学术界所研究的高校贷款特指我国自20世纪90年代末到21世纪初的高等教育大扩张时期里，各个高校，主要是公立高校为了迅速发展而采取的向银行大规模借贷的行为。这种特定的高校贷款具有以下三个特点：涉及高校多，当时我国高校几乎无校不贷；涉及金额大，以至于有些高等学校每年的学费还不够归还到期银行贷款的利息；对高校贷款的管理，政府缺乏严格的规范，以至于漏洞百出。

对于这个特定历史阶段的高校贷款，我国学者持否定意见的相当多。然而，如果跳出当时具体的历史条件的限制，客观与理性地看待高校贷款，就不难发现，在当时政府财政拨款不足的现实情况下，高校贷款是我国高校规模能够迅速扩张、满足升学需要的重要经济基础。

另外，随着高等教育全球化的发展，在有些国家，高校可以通过外国政府贷款、国际金融组织贷款等形式吸纳国际资本。我国高校对这些国际贷款也有不同程度的使用。

第三节　高校支出与成本控制

由于高等学校的结构与活动的高度复杂性，在人们心目中，高校支出的整体形象就没有高校收入那么清晰可辨了。长期以来，对于很多人来说，进入高校的资金究竟花到了什么地方和是如何花出去的简直就是一笔糊涂账。但是，近年来，随着各国政府对高等教育的投资与运营效率的重视，高校支出逐渐得到了政策制定者与研究者的高度关注，随之也出现了一些成本控制的方法。本节以下就对高校支出与成本控制进行具体分析。

一、高校支出

本书所分析的高校支出是高校的当年支出，分析时主要参考了美国与日本的公立高校支出的基本构成，并结合我国高校支出的基本特点，选取以下几种基本构成：教学支出、研究支出、公共服务支出、学生服务支出、机构支持支出、设施的运转与维护支出、奖助学金支出、后勤服务支出和附属医院支出。其中，大部分是教育与一般性支出。收支平衡是现代高校运营的基本原则，但是，随着时代的发展，各个高校在长期坚持的收支平衡原则中也增加了一些经营的特色。

（一）高校支出的基本构成

如前所述，现代高校的经费支出主要有：教学支出、研究支出、公共服务支出、学生服务支出、机构支持支出、设施的运转与维护支出、奖助学金支出、后勤服务支出和附属医院支出等类别。

教学支出指高校内部学术部门的一般教学活动支出，主要包括教职工薪酬、教学维持以及没有独立预算的系或部门的研究与公共服务活动的支出。

研究支出指高校内本质上属于研究活动，以及来自于外部机构或内部单位的专门研究基金的支出，不包括教学人员从事研究工作所获得的薪酬部分。研究支出与教学支出在有些情况下难以准确区分。比如，在研究生阶段，用于研究生教育的资金其实也可以算作研究支出，虽然在会计上把研究生教育经费列为教育支出。

公共服务支出指高校内具有独立预算的公共服务活动的支出，主要包括社会服务项目、合作性的函授项目等。随着社会对高校问责的呼声越来越强，这部分支出的增加给高校财政的压力越来越大。

学生服务支出指支持高校完成教学、研究与公共服务功能活动的支出，主要包括图书馆、多媒体教室、学术（不含日常）行政管理和课程开发等方面的支出。随着学生与家长的高等教育消费者意识的增强以及各个高校之间生源竞争的白热化，这部分经费支出的增长比例在高校整体支出中最为明显。

机构支持支出指维持高等教育机构日常运转的基本支出，主要包括日常行政管理、法律顾问、办公室自动化管理等方面的支出。随着社会整体物价的不断上涨，这部分支出也在不断增加。

设施的运转与维护支出指与高校的物理设施如设备与房屋等的维修与更新有关的支出，主要包括设施与设备的日常维护与维修费，但是，不包括获得或修建新设施的成本，新建或获得的设施与设备所需经费往往是通过专项资金获得，即单收单支或者叫作专收专支。

奖助学金支出指以奖学金、助学金形式给予学生的财政资助的支出。其资金来源包括各级政府、社会和高校的奖助学金。但是，奖助学金支出不包括勤工助学形式的三助，即"助教、助研与助管"支出，因为这部分支出已经记入其他项目的支出之中。

后勤服务支出指不属于高校教学、科研与社会服务功能的各方面活动的支出，包括校园内附设的学校餐厅、宿舍支出等。

附属医院支出指维持高校附属医院运转所有活动的支出。由于不是所有高校都设有附属医院，所以这一项支出不是所有高校都存在的财政支出形式。但是，对于设有附属医院的高校来说，这部分支出在高校整体支出中所占的比例很大。当然，高校附属医院也能获得一部分营业收入。从日、美等国高校附属医院的情况来看，附属医院年终赤字的很多，因为它的很多经费支出是为了医学教育与科研活动，这是它与一般医院的根本不同之处。

（二）教学和一般性支出

教学和一般性支出是高校财政支出的主要组成部分。它所支持的活动本质上都是与高校基本功能直接关联的。一般认为，高校的基本功能有三个：教学、科研和社会公共服务。在上述各项支出中，只有后勤服务支出和附属医院支出等项与高校基本功能没有直接关系，其他各项都有直接关系，所以，教学和一般性支出指两项之外剩余各项支出的总计，它是高校支出的主要部分。

由于奖学金、助学金多半是来自于外部资金，如各级政府和社会慈善机构或个人，虽然会计上把奖学金、助学金列入了高校支出栏中，但是，实际上只不过是程序上经过高校或由高校代为发放而已，在这个意义上，高校本质上并没有支出任何奖学金、助学金经费，所以在高校支出中一般应该把这部分经费减去。从教育和一般性支出中减去奖学金助学金支出就成为教育和一般性净支出。

（三）收支平衡

长期以来，高校作为非营利社会组织的一种形式，我国称之为事业单位，收支平衡是其运营和支出决策的基本原则。当然，随着社会经济形势的变化，高校的收支平衡原则也逐渐受到企业的经营理念的影响。

1. 收支平衡是高校运营的基本原则

财政收支平衡是指在一定时期内（通常为一个财政年度）组织的财政收入与财政支出之间的等量对比关系。事实上，财政收入与支出在总量上的平衡，只有在编制预算时才能存在。预算执行结果收入与支出恰好相等的绝对平衡状态是很少见的，通常不是收大于支，就是支大于收。由于超过收入的支出在资金和物资上是没有保证的，往往会给组织经营带来不利影响，因此为了稳妥起见，人们往往在习惯上把收大于支，略有结余的情况称为财政平衡。但是，也有另一种观点认为，既然预算执行结果无法做到收支绝对平衡，那么不管是略有结余还是略有赤字都应视为财政收支平衡。

收支平衡是现代政府的财政传统。政府本质上也是非营利组织，也应该遵循收支平衡的运营原则，但是赤字财政已成为现代西方政府财政的一个基本特征，并有在世界各国蔓延之势。自 20 世纪 30 年代以来，许多国家经常采取赤字财政政策，试图通过扩大政府开支来扩大就业，增加有效需求，从而刺激经济发展。政府财政原则对公立高校以及接受公共财政资助的私立非营利高校均有很大影响。

对于非营利的公立和私立高校来说，财政收支平衡一直也是运营的最基本原则。同时，从实际情况来看，高校财政在财政年度末一般都会略有结余。不过，最近高校财政情况有所变化。比如，我国有很多公立高校通过大量的银行贷款搞基本建设，其中有相当一部分高校目前的年度学费已经无法支付贷款所产生的银行利息，更不要说财政收支平衡了。

2.经营特色的高校收支平衡

最近 20 年来，高校的管理运营也逐渐具有了企业经营的特色，而且经营特色越来越浓。不管对此态度如何，高校运营的企业化不都是世界各国高校发展的客观趋势之一。在最具有公共特色，至少理论上应该如此的政府机构尚且导入了市场机制的社会大背景下，高校导入市场机制的做法也非常容易理解。

（1）高校盈余

高校采取企业式经营，自然会产生一部分经费结余。当然，由于高校为非物质生产部门，这部分结余通常不叫盈利而称之为经费结余或盈余。高校经费盈余的产生有两方面的原因：一方面是高校提高工作效率的客观结果；另一方面也是高校有关利益关系者处心积虑意欲达到的主观结果，这是因为来自于政府的外部财政管理政策的宽松使高校内部人士有权把这部分盈余用于自我发展的目的。

目前这部分高校盈余占全体收入或支出的比例还不是很大，据估计，平均在 2% 以下。但是，尽管如此，如何使用这部分高校盈余也是一个重要的政策抉择。对此公立和私立高校的政策选择有所不同。

对于公立高校来说，收支平衡既是会计预算的基本要求也是高校完成计划活动的基本象征。因此，盈余理论上不会出现，一旦出现盈余，就表明高校的计划和预算有问题，因而盈余就被上缴，且会影响下一年度的财政拨款。这也是公立高校传统上不追求盈余而追求收支平衡的制度原因。政府的政策与相关制度对公立高校收支平衡的要求既有优点也有缺点。其主要优点是能够保证高校按计划完成任务，这对不以营利为目的的事业单位非常重要，其缺点是有可能因计划不周而造成资源的巨大浪费。因此，客观上承认高校盈余存在的可能性而允许高校自由使用是公立高校财政政策的发展趋势之一。

对于私立高校来说，一般从其建校之初就比较注重经营效率，所以高校盈余是常见的现象，而且在某些国家的某些历史阶段，这部分占整体收入的比例有时候还很大。虽然私立学校可以自由使用这部分资金，但是，只要是非营利的私立高校，这部分盈余就不能作为投资者的盈利而反馈给创办者或作为员工奖金反馈给经营者，一般是充作高校的发展基金。但是，要控制这部分资金完全不会回流到投资者与经营者那里实际上是非常困难的。

（2）高校赤字运营

随着高校运营中的经营特色越来越浓，和高校盈余同时出现的还有高校的大规模赤字运营现象。虽然高校以前也有可能偶尔在某些财政年度出现程度较小的财政赤字，但是经常性而且数额较大的财政赤字的出现是高等教育领域中的新现象。

和高校赤字经营相联系的是负债经营。负债经营在企业经营中很普遍，如果一个企业家看到某一产品具有未来发展空间，就有可能筹措风险资金投资于该产品。但是非营利高校如果出现负债经营就有些难以理解，因为负债经营就存在经营风险即破产的危险，一旦高校破产该如何处理？

非营利高校赤字经营在以前难以想象，但是理论上既然允许高校盈余，那么就应该允许负债经营。同时，既然允许政府财政赤字运营，高校也就没有什么特别理由而不可以赤字运营。况且，营利高校的出现也是一个客观现实，它会促使人们反思对非营利高校的传统观点。这是一个迫切需要深入研究的新课题。

二、高校成本

最近，高校成本越来越成为社会各界和研究者关注的高等教育领域的核心问题之一。其背后有两个主要原因：第一，对高校成本的关注源于对提高高校生产率的追求。随着学费负担上升而教学质量似乎不断下降，公众越来越担心高等学校的生产效率；第二，在高校财政拨款审查日益严格的大背景下，公众要求对高等教育实行更强的问责机制。这些都促使政策制定者与研究者关注高校成本。

在高校支出中，哪些才是高校活动需要的真正成本？同时，这些成本都花在了高校活动的哪些方面？这是提到高校成本时首先会想到的两个问题。

（一）高校成本

通俗地说，高校成本就是培养一个大学生的费用。从学术角度而言，对成本的定义多种多样，这取决于定义者的分析视角和目的。一般说来，对一个社会组织的成本分析有经济学性质和会计学性质的分析两大类。

现代经济学中的成本指机会成本，在资源稀缺的世界上，选择一种东西意味着需要放弃其他一些东西，一项选择的机会成本是选择一种东西意味着需要放弃的物品或劳务的价值。经济学意义上的高校成本可以从宏观即社会和微观即具体高校或个人三个角度考察。宏观角度的成本将社会看作一个整体，所有用于高等教育以实现一定产出和结果的投入都算作成本。它包括机构开支、个人的直接成本和间接成本以及其他社会成本。微观的高校角度的高校成本关注的是教育机构或组织的活动，它包括一切用于形成各种产出和结构的开支，但不包括间接成本和学生上大学的开支。微观的学生角度的高校成本则包括个人接受高等教育的所有成本，包括学费，因为上大学而发生的支出（书本费和交通费等），以及放弃收入（间接成本）。

在会计学性质的成本分析中，又具体分为报告性质的财务会计和管理性质的成本会计。财务会计关注对财务数据的记录、分类、总结以及分析。在财务会计中，成本就是对一定价值的东西进行收付的数量或者等价物。成本会计关注人员经费、货物、服务以及其他开支数据的累计、分类、总结、解释和汇报。成本会计流程就是将成本确认并分配给一定时期内的特定的产出。这些成本也许是实际成本，也可能是其他类型的成本，比如重置成本、预算成本或应付成本。三种成本之间有密切关系。财务会计和成本会计主要关注机构的财务状况，财务会计主要是用于如高校等非营利机构，成本会计多使用于营利机构。但是现在这种重要区别逐渐开始模糊起来，很多非营利机构如高校也开始尝试采取成本会计进行财务统计。这是因为，成本会计更容易进行成本测量和生产效率的计算。经济学意义上的高校成本分析则是合理进行财务会计和成本会计的理论基础。

本书从高校角度考虑高校成本，高校成本指包括一切为了机构能够正常运转所需的资源的支出。从目前对高校成本研究的实际过程来看，研究高校成本的数据主要来自于高校的财务报告。所以，本书将高校成本视作对具有一定价值的东西进行收付的数量或等价物。

（二）高校成本的计量

高校成本的计量即核算具有重要的现实意义。这是因为有关高校成本的信息既是政府对高校进行财政拨款的重要依据，也是制定学费政策与相关操作标准的重要依据，更是衡量高校办学效益的重要依据。高校成本计量一般以生均成本为指标。有关高校成本计量的理论,在实践中,对高校成本核算具有重要的指导意义。

无论是公立还是私立,高校的主要资金来源之一都是政府财政拨款。政府财政拨款基本上是按照在校生数和生均培养成本两个因素确定。在这种拨款方式中,由于作为影响拨款的因素之一的在校学生数量十分客观,所以生均培养成本的确定就成为了关系到拨款数额整体客观合理的关键。在实际操作的过程中,传统的生均培养成本是一个经验数据,通常以往年的决算数为依据,再考虑物价变动等影响因素加以决定。但是往年的决算数到底是否合理,缺乏可以参照的客观评价标准。在追求效率的高等教育财政拨款制度改革的大背景下,建立一套完备的高等教育成本核算体系,进行高校成本核算就成为了当务之急。

目前世界高校学费制度发展有一种共同趋势,那就是,从免费到收费、从低学费到高学费和从高学费到更高学费的发展。学费水平不断创出新高让社会各界不断质疑其合理性。受教育者及其家庭迫切需要知道高等教育成本信息作为接受高等教育投资的个人选择的重要依据,同时,政府或其他高校学费制定者也需要知道高校教育成本以确定合理的学费标准。

高校成本是高校活动中资源耗费的综合反映,是衡量高校经营管理水平和办学效益的重要指标。通过高校成本计量与核算,可以准确反映高校的财务状况和资源耗费,加强教育资源的管理和利用,努力提高办学效益。首先,高校成本是一项综合性经济指标,通过高校成本核算可以了解培养人才的成本是高是低,在人才培养过程中是如何消耗的,这种消耗是否合理等,这些都为高校加强管理提供了重要的信息资料。其次,通过高校成本的计算,有利于将本期成本与上年同期成本相对比,将实际成本与计划成本相对比,考核学校管理水平和领导业绩,加强各单位经济责任,增强教职工的教育成本和质量意识;也有利于财务部门监督、控制教育成本的形成,分析成本升降的原因,采取有效措施降低成本,使学校拥有的各种人力、物力和财力资源得到充分合理的利用,创造更多的社会效益和经济效益;有利于各高校之间进行对比分析,为上级主管部门考核评价高校的办学效益提供重要依据。

虽然高校成本计量的理论和现实意义重大,但是到目前为止,高校成本计量在世界上很多国家并没有得到很好实行,主要是因为高校成本计量技术难度大和缺乏足够外部压力。不过，在高等教育财政日益吃紧的大背景下，相当多的国家的政府和高校最近已经意识到高校成本计量的重要性，不少国家的高校这方面的改革步伐很大，也取得了一些成功经验。

三、高校成本核算

虽然高校成本核算技术难度比较大，但是却是高等教育财政制度改革实践的重要内容。高校成本核算是高校成本控制的重要基础。缺乏了科学的成本核算，就无法进行有效的成本控制。从高校成本核算改革的发展趋势来看，主要是借鉴企业会计的一些方法，有些国家的高校干脆直接采取企业会计制度。因此企业会计的一些基本原则应该是高校成本核算参考的基本原则之一。企业会计的基本原则是权责发生制原则、配比原则、区分收益性支出与资本性支出原则，三者从不同方面规范会计主体正确核算收入和成本。

（一）权责发生制原则

权责发生制是企业会计制度的基本原则之一，是和收付实现制相对立的会计原则。在权责发生制中，"凡是当期已经实现的收入和已经发生或应当负担的费用，不论款项是否收付，都应当作为当期的收入和费用；凡是不属于当期的收入和费用，即使款项已在当期收付，也不应当作为当期的收入和费用"，这是适应现代经济状况的一种会计原则。在现代市场经济条件下，实际经济交易与流转发生背离的情况非常普遍，以信用为基础的现代结算方式种类繁多，各种应收未收、应付未付、预提和待摊的交易与经济事项和现金的流转的背离程度相当大。

要准确反映和核算高校成本，采用企业成本核算中普遍采用的权责发生制原则成为一种必然。使用权责发生制进行高校成本核算，不仅有助于准确核算成本，而且能如实反映高校在教育经济活动中的权利和责任。学校的教学仪器、房屋、图书等，在一定时期内均为一次性投入，是投入在先，使用在后。对这些固定资产通过"累计折旧"会计科目来核算，才能真实反映学校固定资产的净值。另外，对银行贷款利息的偿还和欠发工资等这类负债，在收付实现制下只在偿还时才计入账簿，低估了财务风险；而在权责发生制下每月都要计入账簿，可以全面反映高校的债务状况。

（二）配比原则

配比原则也是企业会计的基本原则之一。这个原则要求会计主体在进行会计核算时收入或产出与其成本费用应当相互配比，同一会计期间内的各项收入或产出和与其相关的成本、费用，应当在该会计期间内确认。配比原则是根据收入或产出和与费用的内在联系，要求将一定时期的收入或产出与为取得收入或产出所发生的费用在同一期间进行确认和计量。

配比原则在实际工作中有两层含义：一是因果配比，将收入或产出与其对应的成本相配比；二是时间配比，将一定时期的收入或产出与同时期的成本费用相配比。例如为培养教育学专业学生所发生的支出不能计入外语专业学生的培养成本中去，把与培养学生无关的费用，在计算成本时剔除。再如，本学期购买的教学用品支出不能计入下学期中去。

就我国公立高校的会计现状而言，我国《事业单位会计准则（试行）》第17条规定，"有经营活动的事业单位，其经营支出与相关的收入应当配比"，并没有对高校全体进行成本核算必须遵循配比原则进行规定。如果在核算教育成本时采用这一核算原则，就能够准确分析投入与产出之间的关系，准确计算出一个时期或某一项教育产品的成本。

（三）区分收益性支出和资本性支出原则

区分收益性支出和资本性支出原则也是企业会计的基本原则之一。这一原则要求会计核算应当合理区分收益性支出与资本性支出。也就是说，凡支出的效益仅与本会计期间相关的，应当作为收益性支出，计入本会计期间的费用成本；凡是支出的效益与几个会计期间相关的，应当作为资本性支出，并在产生效益的几个会计期间内均衡地摊销，分别计入几个会计期间的费用成本。

就我国公立高校目前财务会计状况而言，现行的《事业单位会计准则（试行）》没有对资本性支出和收益性支出进行区分。如果依据收益性支出与资本性支出的划分标准，可以确定事业支出属于收益性支出，基本建设支出属于资本性支出。而经营支出、对附属单位补助、上缴上级支出根据配比原则不能计入高校教育成本。划分收益性支出与资本性支出的重要意义在于正确确定哪些支出应计入当期

成本，哪些支出不能计入当期成本。要准确核算教育成本就必须遵循区分收益性
支出和资本性支出的原则。

四、高校成本控制

控制是一个管理学的专有名词。所谓控制是指人们通过制造和改变条件，施
加影响和采取措施，使客观事物的发展沿着预定轨道（目标或计划）运行。控制
由施控主体和受控主体所组成，控制过程实际上就是施控主体为达到既定目标对
受控对象施加影响、进行约束和调节的过程。

成本控制是组织控制的主要内容，也是现代成本管理的核心内容。成本计划
为成本控制提供了依据，在编制成本计划之后，为使成本计划能够顺利完成，还
应进一步加强成本控制。成本控制按控制的范围不同，可以分为宏观成本控制和
微观成本控制。按控制的时间不同，可以分为事前控制、事中控制和事后控制。
按控制的要求不同，可以分为直接成本控制和间接成本控制。按控制的对象不同，
可以分为人员控制、资金控制和物质使用控制。

高校成本控制是指在保证高校各种活动的质量的前提下，尽量减少高校单位
活动的支出，这是提高高校生产和经营效率的重要手段。近年来，世界上很多国
家的高校包括我国的一些高校也开始重视办学成本和效率，有的高校还对本校的
教育成本进行了详细的测算和分析，但是，大多数高校缺乏对本校教育成本的数
量概念，更缺乏科学有效的成本控制系统。

高校成本控制本质上也就是高校成本管理。从国内外高校改革的成功经验来
看，高校成本控制应坚持以下三个基本原则：战略性成本控制、促进效率最大化
和从细小处入手。

（一）战略性成本控制

战略性成本控制，是指高校成本控制的目标不是消极地限制高校的发展目标，
而是为了更好地实现高校发展的战略目标。任何不利于高校发展目标的成本削减
都是不合适的。但是，学校发展目标的实现必须是有效率的。简而言之，就是在
实现发展目标的前提下少花钱，这就需要进行战略性成本控制。

战略性成本控制包括以下几个方面的内容：第一，从成本角度，科学地分析、

选择和优化学校的发展目标。第二，对成本实施目标与整体控制。战略性成本控制以目标的实现为核心，一般不太关注高校的具体活动的经费开支。第三，对成本与目标实行动态控制。动态控制也是过程控制，它既要求高校的成本投入和发展目标与高校活动的变化过程相适应，也要求对经费支出与成本变化进行及时监控。

（二）使用效率最大化

使用效率的最大化，是指在高校发展目标和相应投入成本既定的情况下，该数额的成本使用的效率最大化。使用效率最大化是高校成本控制的核心。在这一点上，高校与企业之间并不存在本质上的差异。

为了实现高校支出的成本使用效率最大化，就要求高校管理部门与相关活动者，争取以最少的投入获得最大的经济效益和社会效益，使单位成本获得最大利益。因此，在高校成本规划时，就不能盲目规划一些无法预期的项目。应使成本投入向综合效益高的项目倾斜，即成本的投入向高回报率的项目倾斜，并且以最少的人力与物力，完成较多的活动与工作，不断提高工作效率。当然，这个回报率与企业的回报率有可能存在本质差异。

（三）从细节入手强化常规管理从而降低成本

高校成本控制需要特别强调从细节入手。这源于以下两个方面的主要原因。

第一，随着世界经济一体化进程的加快，无论是传统产业还是高科技产业，市场竞争日趋激烈，利润空间逐渐缩小，产品的利润无一例外都在明显下降，整个经济进入微利时代。如何在激烈的市场竞争中立于不败之地，是每一个企业面临的重大课题。因此，细节的竞争在今后的竞争中将会越来越重要。一个企业在产品或服务上有某些细节上的改进，可能会引出市场占有率的几倍差别。在这一点上，高校与企业并没有什么两样。国外高校这方面的经验值得我们深入思考。比如，伊利诺斯大学空调降低一度的"降温行动"，仅秋冬两季就为学校至少节约了之万美元电费。安德鲁大学淘汰笨重的课程表，广泛使用学校发行的磁盘，每年可减少7000美元的开支。

第二，高等学校是一个特殊的产业。这是高校管理与企业管理根本不同的地方。从劳动过程看，高等教育是典型的劳动密集型产业。从劳动者的性质来看，完全属于高级专业技术人才。从劳动结果来看，生产的都是智力成果。作为劳动密集型产业，高校活动的效率很少因为技术改进和管理制度的科学化而提高。但是，劳动密集型产业的成本会因为各种无效活动的减少而大幅度下降。作为高级专业技术人才的工作场所，存在着成本管理的困难，但是，活动中成本浪费较容易，因而成本控制的效果比较明显。从生产成果来看，成本花费缺乏明确标准，这就使高等学校的成本控制更为必要。

五、高校规模经济和范围经济

高校作为服务性产业，其生产与一般企业的产品或服务的生产有什么不同？研究界普遍认为在一般企业的生产中存在着规模经济和范围经济，那么高等教育中是否也同样存在？

人们对高校的规模经济和范围经济越来越关心，关心的动机多种多样。其中最主要的是想知道规模大的高校还是规模小的高校有效率？高校的教学与科研是结合生产还是分开生产更有效率？一个高校下属的学院与系科是否越多越好？同一个高校的不同学院或系科哪一个更有效率？这些关心与政府财政困难、高校追求效率和高等教育大众化后社会对高校质量的关心交织在一起，形成了促进高校规模经济和范围经济研究的社会外在动力。当然，对高校规模经济与范围经济的强烈关心，本质上是对能不能通过生产方式的改变来提高高校生产效率这一时代命题的探索。

（一）高校生产的基本特征

对一般产品或服务的生产特征，人类理解得越来越深刻，但是对于高等教育生产人类却知之甚少或者可以说理解还处在初期阶段。虽然一般企业的生产可以从生产的投入过程和产出三个角度把握，但是经济学对一般企业产品的生产多从产出和投入两个角度观察。经济学对高等教育生产的观察角度和一般企业产品并没有不同。所以，本章也试图从产出和投入两个角度观察高校生产的基本特征。从产出来看，高校生产是多产品混合生产且产品不易量化；从投入来看，高校生产似乎不太关心成本和效率，反而追求成本最大化和无效率。

1. 高校生产的产出

高校生产是典型的多产品混合生产。从功能而言，不仅有教学而且有科研和社会公共服务。从生产单位而言，它一般都由很多学院或系科生产着不同的教学、科研和社会公共服务。仅就教学而言，既有专科层次的教学，也有本科和研究生层次的教学。理论上，高校生产应该具有一定的规模经济和范围经济。但是，由于高校生产的产出不易准确量化，更不易货币化，因此，对高校多产品混合生产所带来的经济性的认识目前还很肤浅。

2. 成本最大化

高校成本观察的角度既有长期和短期也有宏观和微观之分。从短期和微观角度来看，成本最大化是指在高校生产活动中影响高校支出的主要是高校收入状况。

成本最大化观点中最著名的是高校成本的收入理论。该理论认为，一个高校的教育支出主要是由其收入决定的。每个高等学校都尽可能地筹集到更多的资金，然后将资金全部花完，以最大化其声誉与质量。

但是，对这个现象又可能存在着不同的理论解释。首先，有些研究者认为也许声誉与质量就是高校生产的最根本的产出，而其成本则是被社会最认可的产出的代替指标。这样一来，高校其实还是在追求利益最大化和成本最小化。其次，传统上，某些公立高校受政府预算制度的制约，在每一个财政年度必须把当年预算使用完毕，否则会给高校今后的财政带来麻烦。

现在，世界上很多国家的公立高校制度尤其是财政制度已经发生根本变化，公立高校的财政结余被政府管理部门所认可。这样一来，成本最大化理论就有可能不能准确反映现实了。

（二）高校的规模经济

虽然研究高校生产的规模经济存在很多困难，诸如模型、指标和数据收集等方面都存在一些目前无法解决的技术难题，但是还是有不少研究者在这方面做了开创性的理论尝试。以下就从界定规模经济的概念出发，简单介绍有关研究成果。

1. 规模经济

规模经济是经济学的核心词汇之一，指长期平均总成本随产量增加而减少的特性。规模经济的存在使较大组织或国家能够比较小组织或国家以较小生产成本进行生产。以企业为例，企业组织内的规模效益源于最小生产单位的不可分性和劳动分工。一般说来，高度专业化的生产设备具有最小生产规模，这样，大量生产能够使设备利用更有效率。劳动分工意味着大量工人同时劳动而每一个工人的工作被严格限制到生产流水线的某一个具体岗位上。同时，在大企业里，某一台设备的停工或工人的缺勤都不可能影响生产。但是，在这些大企业的规模效益来源中还蕴含着协调和激励工作人员的困难。企业规模达到何种程度时，规模所引起的困难才会超过规模经济在不同行业中有所不同。一个国家层次的生产的规模经济的道理也是如此。当企业规模所引起的困难超过规模经济时，企业就进入了规模不经济状态。

规模不经济是指长期平均总成本随产量增加而增加的特性。规模不经济的存在使规模较大组织的平均效率反而低。在工厂的生产现场层次，规模不经济可能来自于混乱，如大量人员或机器处于同一地理空间而互相阻碍。在拥有多个工厂的公司层次，很难弄清楚规模不经济是如何引起的。大规模公司往往要求更多的管理层级，这会增加最高层领导者和工厂生产工人之间的心理和社会距离，这对互相理解和工作动机有负面影响。大公司还在技术和市场的变化面前缺少灵活性。

2. 有关研究结论

作为规模巨大而且越来越大的高校，其生产理应存在规模经济。高校生产活动如果存在规模经济，不仅应该体现在学校组织层次上，还应该体现在学院、系甚至教学班级上。同时，规模经济不仅存在于教学方面，还应该存在于科研和社会公共服务方面。即使仅仅局限于教学方面，也有可能不仅存在本科层次的规模经济，还有可能存在着研究生阶段的规模经济。不同类型的高校的规模经济有可能不同。如果高校生产存在规模经济，那么多大规模才是最佳规模以及规模扩大是否影响质量也是高校规模经济研究需要关心的问题。

有关高校规模的研究特别关注就学人数（一般使用全日本科制当量学生为指标）规模对平均成本的影响。在几十年的研究中，不同研究者使用不同的数学模型、指标和数据对高校规模经济进行了研究，所得研究结果不尽一致。主要结论如下。第一，一般说来，在各类型的高校中，都存在着潜在的或现实的规模经济。史密斯于1978年的研究认为在本科阶段，每个学科专业都存在规模经济，但是在研究生阶段既有规模经济也有规模不经济。规模经济的程度取决于固定成本的大小。第二，不同研究者对高校最优经济规模的意见不一。Maynard 于 1971 年认为一般四年制本科学院的全日制学生数为 5363，一所典型的大学全日制学生在 9000 ～ 10 000 之间可以保持最优经济规模。De Groot 于 1991 年认为公立高校的总体规模经济为 50 000 个全日制当量学生，私立高校则为 17 000 个全日制当量学生。Cohn 于 1989 年认为研究型大学的最优经济规模约为 30 000 人，De Groot 于 1991 年认为研究型大学的最优经济规模约 42 000 人。第三，成本、规模和质量之间的联系。大多数早期研究忽视产出的质量因素，因为他们假设高校产出相对同质。Very 和 Davies 于 1976 年的研究表明，产出的质量经常会随着学校规模的变化而变化。如果规模的变化影响学生并降低教学质量，那么学生就发生和学习有关的成本，实际上是规模不经济的表现。第四，在规模经济的研究中，忽略科研未必会导致低估规模经济。因为相对于规模较小的院系来说，规模大的院系更加注重科研。

（三）高校的范围经济

与对高校生产的规模经济的研究一样，对高校生产的范围经济的研究也存在如模型、指标和数据收集等方面的技术困难，但是仍然有不少研究者在这方面做了开创性的理论尝试。以下就从界定范围经济的概念出发，简单介绍有关研究成果。

1. 范围经济

范围经济是指由于进行多种相关活动而带来的利益。这是因为使用在某一活动中的专业化的工人、设备和思想往往也可以在其他相关活动中使用。在大部分多产品结合生产的企业中，人们所说的规模经济实际上往往是范围经济。

2. 有关研究结论

高校生产的产品多种多样：教学、科研和社会公共服务。教学方面不仅有本科生教学还有研究生教学。高校生产如果存在范围经济，范围规模应该不仅体现在学校组织层次上，还应该体现在学院、系等组织层次上。因为不仅学校是多产品结合生产的组织，学院或系科也是多产品结合生产的组织。

对于高校范围经济的研究远远没有规模经济的研究数量多。同时，和对高校规模经济的研究一样，在对高校范围经济的研究中，不同研究者使用不同的数学模型、指标和数据，所得研究结果不尽一致。迄今为止的主要研究结论如下。

第一，教学和科研共同生产时的范围经济。Nerlove 于 1972 年凭直觉认为，在同一个学校内用同一批教师进行本科生教学和科研生产，比完全各自独立进行更有效率。比如，美国高校比欧洲高校更有效率。Very 和 Davies 于 1976 年的研究认为，研究生教学和科研联合生产的经济性无法确定。De Groot 于 1991 年认为，本科生教学、研究生教学和科研的联合生产可以产生范围经济。Dundar 和 Lewis 于 1995 年的研究结果认为，在社会科学、工科以及医学专业里，教学和科研联合生产会带来范围经济。第二，不同层次的教学共同生产时的范围经济。Very 和 Davies 于 1976 年认为，本科生和研究生联合生产的范围经济无法确定。但是，Dundar 和 Lewis 于 1995 年认为，在一定的生产范围内，本科生、硕士生和博士生联合生产会带来范围经济。

第五章　高校教育经费资源配置优化研究

第一节　高校教育经费资源配置概述

一、高等教育经费资源配置的相关概念

（一）高等教育资源

通常情况下，高等教育资源指是指社会投入高等教育领域，用于培养高级专门人才的所有物质基础，主要包括人力资源、物力资源和财力资源。不同的分类视角，对于高等教育资源的概念界定也不相同。陈太平分析了资源、教育和高等教育资源之间的基本逻辑关系，从其内涵和外延层面对高等教育资源作出了界定。根据高等教育不同资源在教育活动中的功能以及不可替代的作用将高等教育资源分为以下七类：财力资源、物力资源、人力资源、学科与专业资源、市场资源、信息资源（智力资源或知识资源）和声望资源（知名度）。也有学者认为高等教育资源是高等教育组织所拥有的使用于高等教育活动事业，提高受教育者人力资本或价值的各种资源综合。笔者以为，随着高等教育事业不断发展，从事高等教育活动队伍的不断壮大，高等教育已经不仅仅局限于高校和科研院所了，很多企事业单位以及培训机构也承担起了与高等教育本质相似的行为活动。比如中公教育、华图教育以及新东方教育等培训机构在考研、出国留学以及公职考试中承担了很多高校涉及不到的职责，这些高等教育活动在某种程度上为高校毕业生在就业和再深造的过程中发挥了很多高校都替代不了的作用。因此，有必要将具有与高等教育本质相同或类似高等教育培训机构的企事业单位也纳入高等教育事业中

来，从这个意义上讲，高等教育资源已经不再是表面上看得见的人事物了，具体在此不做太多说明。因此，笔者根据高等教育资源在教育教学活动中的显隐性，将高等教育资源分为两大类：一类为显性教育资源，包括教育人力资源和教育物力资源等看得见的高等教育资源；另一类为隐性教育资源，即类似教育经费资源这类"看不见"的高等教育资源。

（二）高等教育经费资源

根据上述对高等教育资源的概念界定可以看出，高等教育资源属于社会资源其中的一种，而高等教经费资源是高等教育资源中维持正常教育教学活动的"血液"，属于隐性高等教育资源。可以给高等教育经费资源做如下定义：高等教育经费资源是指一切在高等教育活动中以货币形式显性或隐性存在的用以维持高等教育机构日常正当开销的支出资源。就其来源看，包括政府财政拨款、高等教育机构自筹以及社会或个人捐赠等得来的经费资源。就其配置主体来看，可以分为国家无偿拨款经费、高校非盈利性收入中用于自主办学的经费资源和高等教育工作者以及学生日常支出经费资源。就其用途来看，可以分为教育教学经费资源、教职工薪酬经费资源、学生奖学金和助学金补助经费资源、基础设施建设经费以及科研经费资源等。

（三）高等教育经费资源配置

高等教育经费资源配置是一个混合概念，前面已经对高等教育经费资源进行了界定，这里不再赘述。分解来看，资源配置是一个经济学概念，是解决一个社会运用既定的资源生产什么、怎么生产和为谁生产这三个基本问题的经济学词汇。而教育资源配置是指如何将有限的教育资源在各级各类教育之间、各地区之间和各学校之间进行分配，以期投入的教育资源能够得到充分有效的使用。高等教育经费资源配置可以简单理解为开展高等教育活动的主体有目的、有计划地将有限的经费资源分配到各个下属单位以维护集体利益的行为。对于不同配置主体来讲，具体表现为政府根据各层次高等教育机构的财政预算以定期定向拨款为主要方式用来支持其基本教育教学活动顺利开展；高等教育机构对政府拨款经费和其本身自筹所得的经费进行再分配以维持日常教育活动；社会和个人捐赠所得经费一般都有特殊基金会专门管理，比如专项奖学金、实验室专项经费、专项课题经费等，虽然大多都是直接以经费资源捐赠的方式交由高等教育机构分配，但社会和个人也会进行监督，参与这部分经费资源配置的活动。

二、高等教育经费资源配置的相关理论基础阐释

（一）高等教育经费资源的三大特性

高等教育资源的基本属性是能够被用来创造高等教育价值和财富，而高等教育经费资源的本质特性就是其可以直接转化和侧面体现高等教育的价值尺度，它除了具有教育资源的一般性质，如可利用性、稀缺性、公益性、产业性、差异性和流动性等之外，还具有经费资源的特殊性质，即增益性、隐约性和理想性。

增益性。高等教育经费资源的增益性是指正常情况下高等教育经费资源的投入会产生教育高效产出的增益效果，也就是说高等教育经费资源的高效利用所产生的价值和能够创造的其他财富远远大于经费资源本身的经济价值。这一特性实际上源于高等教育的公益性，也称教育收益的外部性，它是高等教育资源的核心价值所在，也是高等教育本质的根本体现。《教育法》第八条明确规定："教育活动必须符合国家和社会公共利益。"换言之，任何高等教育活动的开展都必须符合国家和社会的公共利益，都应当通过满足国家和社会需要以及人才需求来达到社会公益和社会福利增益的效果，这也是高等教育的目的所在。而所有高等教育资源中经费资源的增益性在高等教育活动中的体现尤为明显。

隐约性。高等教育经费资源的隐约性是指随着科技进步，数字化在经济领域的应用，经费资源不再是完全以货币的形式存在，而是诸如存折、银行账户、支付宝以及微信红包等以数字的形式侧面表现出来，这种经费资源的表现方式较之传统货币形式就具有一定的隐约性。物质的显隐性是生物遗传学的概念，显隐性定律亦称显性定律，是孟德尔遗传定律之一，是指生物在杂交过程中，在杂种一代中两个相对性状只显现其中之一，这一表现出来的性状称为显性，未表现出来的性状称为隐性。生物的显隐性是基因遗传的结果，而经费资源的显隐性是其表现形式相互转换过程中表现出来的存在形式不同的结果。当经费资源完全以货币的形式表现出来，我们称其为显性资源；当经费资源以数字化的形式表现出来时，为隐性资源。现实生活中，当经费资源呈隐性状态时，人们在交易的过程中会不自觉地忽视经费资源的减少，相反，当经费资源呈显性状态时，在交易中会很明显地发现经费资源减少了，而且很快。正是因为经费资源具有隐约性，人们在消费过程中忽视了经费资源的消耗而造成大量经费资源浪费，很多可以开源节流的地方没有节省，而一些应该投资的领域又畏首畏尾。认识到高等教育经费资源的隐约性才是避免造成高等教育经费资源浪费和优化配置的关键所在。

理想性。高等教育经费资源的理想性是指高等教育经费资源的投入者对高等教育的产出结果具有较高期待，这种"小投资大回报"的期待具有一定的理想性。教育投资本身就是一项寄希望于未来的事业，而教育产出具有一定的滞后性，这源于教育活动本身需要过程，需要时间积累，并非一蹴而就的。从其来源看，政府期望高等教育机构能够尽可能地多渠道筹措经费资源来缓解财政压力，这与高等教育机构期望更多的财政补给形成制衡，这种制衡状态具有一定的理想性。从高等教育经费资源的配置主体来看，各方主体都期望将每一项经费资源都用在实处，用在点上，用得其所，从而发挥经费资源的最大效益。这种期望赋予经费资源理想性，也正是这一特性促使着各主体不断探索高等教育经费资源配置优化路径。

（二）高等教育经费资源的主要来源

经济基础与上层建筑之间的关系是相互促进相互影响的关系，是作用力与反作用力的关系。就社会经济发展与高等教育的关系而言，社会经济发展快慢与经济基础厚薄呈明显相关性，而高等教育是否有效与社会发展的上层建筑高低正相关。因此，高等教育发展需要大量的经费资源投入作为支撑，除了国家财政拨款主导之外，高等教育机构自身也需多渠道筹集经费资源以满足高等教育事业发展的需要。早在 20 世纪 80 年代我国就有关于高等教育经费资源来源的相关体制建立，直至 1995 年在全国人大第八次会议通过的《教育法》中才正式确立了以财政拨款为主，其他多种渠道筹措教育经费为辅的体制。目前，高等教育经费资源主要来源于政府财政拨款、高等教育机构自筹、社会企事业单位和个人捐赠及其他方面。

政府财政拨款。高等教育财政拨款是指政府无偿拨付给诸如高校、科研院所等从事高等教育活动的机构用于维持其正常运作的经费资源。通常情况下，财政拨款都有明确的经费支出预算，中央、地方各级财政或上级主管部门根据本年度内的计划安排分配到教育主管部门主办的各级各类学校、教育事业单位等列入国家预算支出科目的教育经费都属于政府财政拨款。

高等教育机构自筹。高等教育机构自筹经费主要是指高校、科研院所在财政拨发专项经费不足的情况下为必要的学术研究和教育教学活动能够顺利进行通过各种非财政渠道筹集到的经费资源。主要包括学杂费、校办产业以及校企合作中企业投资经费等。随着市场经济的不断发展，在激烈的市场竞争中，高等教育经费资源来源的多样化渠道在高等教育经费结构调整中发挥着越来越重要的作用，值得一提的是校企合作作为高等教育经费资源筹集的一种新型方式不仅受到国内企业的青睐，国内高校与国外高校、国内高校与外企之间的投资合作也越发频繁，这为市场在高等教育经费资源配置中发挥重大作用奠定了良好基础。

社会企事业单位和个人捐赠。作为"天上掉下来的馅饼"，社会企事业单位和知名校友或社会精英为高校自主捐赠的科研经费和奖学金、助学金成为各高等教育机构不断提高教育教学质量，努力创造更多科研成果以及莘莘学子认真刻苦钻研的不懈动力。近年来，教育捐赠经费的新闻此起彼伏，捐赠数量也越来越多。2016 年 12 月 23 日，郑州大学 1976 级校友、建业集团董事长、河南省本源人文公益基金会创始人胡葆森先生捐赠 1 亿元，支持母校人才培养及发展荷球体育运动。12 月 21 日，四川大学计算机学院的教授、川大智胜软件股份有限公司的董事长、董事游志胜和杨红雨分别捐赠 5000 万元用于人才引进基金、重点实验室建设和"双创"活动基地建设经费支出。9 月 21 日，电子科技大学 1986 级校友熊新翔在母校 60 周年校庆之际，捐资 10.3 亿元，此为电子科技大学建校以来接受的最大金额的校友捐赠，这笔捐赠也创造了捐资高校单笔捐赠的新纪录。根据"2017 中国大学校友捐赠排行榜"的数据显示，清华大学以 25 亿元雄居第一，其次分别为北京大学、武汉大学、电子科技大学、复旦大学等。很引人注意的是，深圳大学作为普通重点大学以校友捐赠 4.02 亿元居广东省高校榜首。根据艾瑞深中国校友会网发布的"2016 年中国造富大学排行榜"，深圳大学击败众多"985"和"211"工程名校，财富达 3082 亿元，挺进全国 5 强，排在清华大学、北京大学、复旦大学、浙江大学之后。为此，深圳还出台了普通高校捐赠收入财政配比资金管理暂行办法，市级财政每年将安排 5 亿元配比经费，对深圳高校接受社会捐赠收入给予奖励补助。这一系列数据充分显示了社会企事业单位和个人捐赠在高等教育经费资源中的作用之重。

其他来源。指除了政府财政拨款、高等教育机构自筹和社会企事业单位或个人捐赠的高等教育经费资源。

（三）高等教育经费资源的配置方式

高等教育经费资源通常有两种基本配置方式：计划配置方式和市场配置方式。通过这两种方式将高等教育经费资源分配至各高等教育机构，进而向社会各界提供高等教育产品和服务。

计划配置方式，也称"看得见的手"。所谓高等教育经费资源的计划配置方式是指高等教育经费资源由国家所有，或者至少是由国家直接控制，与其相关的配置政策由国家直接制定且具有一定的法律效力。这种方式由于计划政策制定者的有限理性和获取信息的不完备性，不能对社会高等教育产品的需求变化做出及时反应，高等教育机构的真实需求也得不到满足，在高等教育经费资源配置中通常以计划政策制定者的偏好为基础而容易忽略公众的偏好，因而导致高等教育经费资源"供不应求"现象的产生。这种状况越严重，种种诸如寻租和腐败等社会问题也就可能慢慢滋生。如果对高等教育机构在经费资源配置方面不加以监控，就会造成经费资源浪费。

市场配置方式，也称"看不见的手"。所谓高等教育经费资源的市场配置方式是指市在场经济运行过程中，市场机制根据高等教育市场需求与供给的变化引起价格变动从而实现对经费资源进行分配，组合及再分配与再组合的分配方式。在市场经济体制下，高等教育经费资源归私人所有，拥有自主支配权，由经费资源所有者自己做出的决策在各高等教育市场中协调供求力量，并确保高等教育产品均衡价格和均衡数量的出现，在这种理想的均衡状态下供求关系达到相对平衡。市场以其特有的运作方式实现需求者与生产者之间的平衡点，从而确保高等教育产出，使其产生的社会福利达到最大化。市场配置资源主要通过价格、供求、竞争等来进行。价值规律就像一只"看不见的手"，实现资源配置的高效。当然，在现实生活中，也存在高等教育市场未能实现教育产出的社会福利最大化的现象，我们称之为"市场失灵"，这些领域就需要国家宏观调控另行解决了。

计划与市场混合配置方式。计划和市场都兼具理想性和现实性，没有完全的计划也无绝对的市场。不同的历史时期需要不同的经济体制和机制来维持社会经济健康有序发展。因为现实经济实体与微观经济学中假设的单纯模型有所不同，极端重视市场作用在单凭市场无法实现最优的情况下，通过以经济实体内部协调为代表的组织机构和与之对应自然产生的制度来实现，这在一定程度上限制了政府提供公共产品的形式，使政府不能恰当地供给部分产品。同样的完全由政府来配置资源也因其具有有限理性而不能达到社会福利最大化的均衡状态。不论是"市场亲善论"还是"市场增进论"都不可忽略计划与市场相互协调的作用。因此，在现实生活中，通常以"计划与市场混合配置方式"在资源配置中发挥作用。中共十八届三中全会中提出"使市场在资源配置中起决定性作用和更好地发挥政府作用"，就是计划和市场相互协调作用在改革开放历史进程中具有里程碑意义的创新和发展。

高等教育经费资源配置也需要政府和市场的相互协调来尽可能地实现教育产出的最优化。政府宏观把控各高等教育机构的财政预算，高等教育机构通过提升优质的教育产品相互竞争以获取更多高等教育经费资源，社会积极与高等教育机构建立人才培养与科研项目研发的投资合作。如此良性循环才能将高等教育经费资源合理配置，达到最优状态。

三、新常态对高等教育经费资源配置主体发挥配置作用的影响

新常态下高等教育财政性经费资源投入幅度减缓，而高等教育机构的需求在不断增大，这就意味着在有限的经费资源投入情况下，各高等教育经费资源配置的主体在经费资源配置过程中审时度势，也需要发生相应的变化来适应新常态。弄清楚新常态对政府、高等教育机构和社会中高等教育经费资源配置的参与者发挥配置主体作用的影响，才能更好地适应新常态下对高等教育经费资源配置提出的新要求，也才能让每一分钱用到实处，用到点上，真正为社会创造价值，为人民谋福祉。

（一）政府：宏观调控与市场配置关系理清更难

习近平总书记指出，新形势下经济体制改革的核心问题仍然是处理好政府和市场的关系问题。新常态下要想保持经济持续健康发展，必须抓住经济体制改革这一核心问题，切实发挥出市场和政府各自的优势才是引领新常态的突破口。改革开放以来，我国社会主义市场经济体制在不断地完善，经济市场化程度也在不断加深，面对新常态带来的新问题和新挑战，处理好政府和市场之间的关系成为进一步完善社会主义市场经济体制亟需解决的主要矛盾。新常态下不难发现，不断建立和完善社会主义经济体制的过程就是对正确处理政府和市场关系不断深化的过程，也是促使社会主义市场经济体制效益日益增强的过程，更是提高政府和市场之间制衡水平的过程。新常态下高等教育经费资源配置中政府虽依然占主导地位，但在社会主义市场经济的冲击下，市场在资源配置中的作用将越来越明显。因此，处理好政府与市场之间的制衡问题，理清政府与市场的各自主体责任也越发重要。

对于新常态下的高等教育发展而言，政府财政性经费资源投入总量依旧持续增加，但增幅有所减缓，在这个过程中，政府将不再应该完全是高等教育经费资源配置的主导者，而是应该简政放权，更多地让位于高等教育机构自身配置权力，以及鼓励社会投资高等教育事业，建立和完善市场竞争机制，以法制强固社会主义市场经济基础，切实保护各类产权，营造和维护公平竞争环境，不断将市场规范化、程序化和法治化，提高各高等教育机构的核心竞争力，让市场在高等教育经费资源配置中发挥应有作用和更好地发挥政府作用。

（二）高校：社会经费资源竞争与内部需求加大

从当前高等教育经费资源来源结构看，不难发现，非财政性经费资源所占比重越来越高。新常态下政府财政性经费资源增幅减缓，而高等教育机构经费资源的内部需求还在不断增加，这就意味着非财政性经费资源占比将进一步增大。从非财政性高等教育经费资源来源途径看，学杂费、校办产业以及校企合作中企业投资经费、企事业单位和个人捐赠等所得经费将成为各高等教育机构经费筹措的主要方向，此类社会经费资源的竞争也将给各高等教育机构带来不小的压力。但如此一来，良好的社会竞争机制也促使各高等教育机构提高自身的教育教学质量，提高有限的和来之不易的高等教育经费资源的利用效率，力争以优秀的办学质量、优质的教学条件和优异的高等教育产出来吸引社会主体的投资意愿，为社会创造福利。

高等教育机构为保证自身稳定健康持续发展，在激烈的社会经费资源竞争中，不得不多渠道筹措经费资源来提升综合实力。唯有认识到这种危机感才能倒逼高等教育机构开源节流的同时，加大同其他企事业单位之间的合作交流机会，加快产学研的步伐，只有自身综合实力提升到一定水平了，才有机会得到更多的知名企事业单位和校友的大力支持，也才能促成高等教育机构与企事业单位之间互利互惠的良性发展格局。

（三）社会：高等教育投资与人才竞争更加激烈

众所周知，高等教育的职能是培养高素质的专门人才、科学研究、服务社会。社会作为高等教育产出的直接受用主体，与高等教育机构不同的是，社会在高等教育事业发展方面的投资往往处于被动局面。而高等教育机构作为专门人才、科学研究和服务社会的培养者，却承担了更多的高等教育经费支出。虽然有政府财政性经费作为支撑，但依然无法满足高等教育机构的内部需求。从社会发展角度来看，社会的发展必然离不开高等教育机构培养出来的高素质人才作为支撑，而对高等教育机构的投资力度直接关系到高素质人才数量的多少和质量的高低。近年来，高校毕业生就业难，而企业却找不到合适的人才，这其中缘由就与当前高等教育机构经费资源短缺，社会投入力度不大有很大关系。

新常态下随着政府财政性高等教育经费资源增幅减缓，而高校发展内部需求增大的现实，加之社会主义市场经济体制的逐步建立和完善，社会作为高等教育经费资源配置的特殊主体将发挥不可忽视的重要作用，而且这种作用会越来越明显。新常态下社会在高等教育经费资源配置中的作用不仅仅体现在投资高等教育事业发展，加强和高等教育机构的合作方面，对由于经费资源不足导致高等教育人力资源短缺的问题也给社会各界带来了不小影响。因此，新常态下社会应该争取高等教育投资的主动权，及时发挥高等教育资源配置主体作用。

四、新常态下高等教育经费资源配置优化的必要性

新常态对于高等教育经费资源配置三方主体，即政府、高等教育机构和社会（主要是企事业单位）带来的重大影响显而易见。那么为了更好地适应新常态、引领新常态，面对新常态给高等教育经费资源配置所带来的一系列新问题和新挑战，优化高等教育经费资源配置就显得尤为必要。其必要性主要体现在以下几个方面：一是优化高等教育经费资源配置有利于促进高等教育供给侧结构性改革；二是优化高等教育经费资源配置有利于推进世界一流大学和一流学科建设的进程；三是优化高等教育经费资源配置有利于加快从高等教育大国向高等教育强国迈进的步伐。

（一）新常态下高等教育供给侧结构性改革的关键举措

2015 年 11 月 10 日，习近平总书记在中央财经领导小组第十一次会议上提出要着力加强供给侧结构性改革。次年 1 月 27 日，召开中央财经领导小组第十二次会议，研究了供给侧结构性改革方案。方案明确了供给测结构性改革的根本目的就是提高社会生产力水平，落实好以人民为中心的发展思想，并且阐释了供给测结构性改革的基本内涵。所谓供给侧结构性改革，是指从提高供给质量出发，用改革的办法推进结构调整，矫正要素配置扭曲，扩大有效供给，提高供给结构对需求变化的适应性和灵活性，提高全要素生产率，更好满足广大人民群众的需要，促进经济社会持续健康发展。与此同时，通过降低增量来提高过剩产品的消量，优化资源配置结构、提倡开源疏流，在保证经济持续健康增长的基础上进一步实现经济可持续发展，进而促使人民生活水平不断提高。供给侧结构性改革主要着力点体现在以下几个方面：一是优化产权结构，使得政府宏观调控与民间活力相互促进；二是优化投融资结构，促进资源整合，实现资源优化配置与资源优化再生；三是优化产业和产品结构，提高产业和产品质量；四是优化资源配置结构，实现公平分配，使消费成为生产力；五是优化流通结构，节省交易成本，提高有效经济总量；六是优化消费结构，实现消费品不断升级，不断提高人民生活品质，实现创新—协调—绿色—开放—共享的新发展理念。这也是新常态下全面深化改革的重要内容之一。

　　新常态下由于高等教育经费资源配置不合理导致高等教育产出质量不高，效率低下等问题突出。对于高等教育供给侧结构性改革而言，从源头提高高等教育质量问题是重要内容，而解决高等教育经费资源配置问题成为其中的重要环节之一。只有合理配置高等教育经费资源，调整配置结构，提高配置效率，将有限的经费资源真正投入到高等教育质量提升的关键点上才能为高等教育事业长效发展提供有力保障。因此，优化高等教育经费资源配置路径成为新常态下高等教育供给侧结构性改革的关键举措。

（二）新常态下创建"双一流"大学的必由之路

　　早在《国家中长期教育改革和发展规划纲要（2010—2020）》中就明确提出加快建设一流大学和一流学科的目标（简称"双一流"）。以高等教育重点学科建设为基础，创立优势学科创新平台，启动特色重点学科项目。改进高等教育管理模式，引入市场竞争机制，建立绩效评估体系，对高等教育机构进行动态管理。同时，鼓励高等教育机构优势学科面向全世界，鼓励并支持参与国际合作，与世界领先领域高等教育机构建立产学研联合基地。加快"双一流"大学建设的步伐，争取早日培养一批拔尖创新人才，形成一批世界一流学科，产生一批国际领先的原创性成果，为提升我国综合国力贡献力量。建设"双一流"大学，是党中央、国务院作出的重大战略决策，对于提升我国高等教育发展水平、增强国家核心竞争力、奠定长远发展基础，具有十分重要的意义。

　　新常态下国家对于"双一流"建设提供了重要的政策指导，也加大了对高等教育经费资源的财政投入，较之以前增幅虽有所减缓，但总量有所增加，为"双一流"建设提供了基本的物质保障。加之随着社会主义市场经济体制的不断建立和完善，社会高等教育市场也对各自领域的高等教育加大了投资力度，助力"双一流"建设。那么，问题来了，基于"双一流"建设所需要的经费资源短时间内无法准确计算出来的现实。只有提高现有的也是有限的高等教育经费资源的配置效率和使用效率才能更好地更快地实现"双一流"建设的"三步走"目标，即到2020年，若干所大学和一批学科进入世界一流行列，若干学科进入世界一流学科前列；到2030年，更多的大学和学科进入世界一流行列，若干所大学进入世界一流大学前列，一批学科进入世界一流学科前列，高等教育整体实力显著提升；

到 21 世纪中叶，一流大学和一流学科的数量和实力进入世界前列，基本建成高等教育强国。在此过程中，优化高等教育经费资源配置路径是"双一流"建设的必由之路，也只有保证了高等教育经费资源的配置效率和利用效率才能加快"双一流"建设稳步前进的步伐，也才能为"双一流"建设提供有力保障。

（三）新常态下发展高等教育强国战略的必然选择

改革开放以来，中国经济增长速度可谓举世瞩目，但依靠资源、资金和廉价劳动力推动的外延式和粗放式经济发展仍具有一定的局限性。新常态下，经济增长要从外延式发展转变成内涵式发展，从重视数量增长向重视质量提升的转变是适应新常态的必然选择。中国高等教育的发展也同样经历了 20 世纪八九十年代规模扩张式的教育大国局面到现在以重视质量提升内涵式发展的教育强国转变。20 世纪 90 年代实行了科教兴国战略，后来又提出了人才强国战略，确立了科技和教育是兴国的手段和基础的重要方针，在一定程度上提高了国民对科技和教育重要性的认识，也增强了对科技是第一生产力的深刻理解。科教兴国战略的实施对我国高等教育事业发展的推动作用毋庸置疑，为我国高等教育近期和长期发展都打下了良好基础。

新常态下，提高生产者对经济增长的贡献率，重视高素质的综合型、应用型和专业型人才培养，鼓励高科技创新，支持校企合作，推行 PPP 模式等都为推动高等教育事业发展，努力向高等教育强国的方向前进作出了不可磨灭的贡献。推行高等教育强国战略对于提高国民综合素质，促进社会经济发展以及提升国际经济地位和核心竞争力都具有重要作用。新常态下，提高质量是高等教育发展的核心任务，是建设高等教育强国的基本要求。而对高等教育经费资源的有效利用和合理配置将关系到高等教育强国建设进程的快慢，高等教育经费资源配置路径优化也将成为高等教育强国战略的必然选择。

第二节　高等教育经费资源配置优化的基本要求与原则

一、高等教育经费资源配置优化的基本要求

（一）提高效率，确保产出质量

高等教育经费资源配置效率可以分为经费资源利用效率和配置效率两种：所谓利用效率是指高等教育经费资源的投入经费与高等教育产出的比率；而经费资源配置效率是指政府、高等教育机构或社会等主体在投资分配高等教育经费资源服务社会过程中生产效益的科学性与合理性。只有合理分配高等教育经费资源，让真正需要发展需要投资的高等教育领域拥有充足的活动经费，才能使各高等教育主体发挥相应作用。当高等教育机构分到"蛋糕"后如何使用将决定高等教育经费资源配置效率的高低，因此，提高高等教育经费资源配置效率不仅仅是政府一方的问题，而是所有参与高等教育经费资源配置的各方主体合力协作才能做到的问题。

新常态下，经济增长速度从高速增长向中高速增长转变，对于高等教育而言，虽然高等教育财政投入总量依旧呈增长趋势，但增幅减小，这将意味着高等教育经费资源配置效率的提高对其使用效率依赖程度也会更高。这就要求高等教育机构在"蛋糕""给谁吃"和"如何吃"上下功夫，努力提高高等教育经费使用效率方面为全面提升高等教育质量奠定基础，高等教育经费使用实行精细化管理成为必要。

（二）调整结构，化解边际递减

依靠规模扩张来发展高等教育事业的方式已基本成为过去，边际效应递减趋势明显，过去通过增量改革为主的资源配置模式累积了不少难题，成为新常态下高等教育改革与发展中的"硬骨头"，而且这些"硬骨头"常常具有很大的关联性，单纯地通过增加项目数量和扩大规模已经无法"啃动"了。新常态下亟需调整高等教育机构现存的高等教育资源或者诸如政府财政性拨款等具有固定来源的

高等教育经费资源配置结构，来及时化解这种边际递减效益。这就要求新常态下高等教育深化改革需要从改善高等教育经费资源来源结构，同时调整经费资源配置结构来适应新常态了。这里的调整高等教育经费资源的来源结构主要是指拓宽高等教育经费资源筹措渠道，适当增大非财政性经费资源占比，减轻政府财政压力的同时，形成合理的高等教育成本分担机制。而高等教育经费资源的配置结构调整主要是指以精准的目标导向进行专款专用，适当提高具有较大发展潜力且时下迫切需要发展的项目，比如职业能力培养项目、定向培养留学生出国学习项目等方面，而不再仅仅局限于关注国内高校原有的项目，如此带着定向培养项目的出国交流学习将大大提高留学生学成归来服务社会的贡献率。

（三）创新模式，发挥市场作用

新常态下经济增长动力将由传统的要素驱动和投资驱动逐渐转变为创新驱动，大力发展具有中国特色的社会主义市场经济，激发市场活力，让市场在资源配置中起决定性作用并更好地发挥政府作用。对于高等教育经费资源配置而言，计划配置模式显然已无法满足市场经济发展的需要了，单靠政府财政拨款只会让高等教育机构发展走回头路，难以发挥高等教育机构的自主支配权，缺乏发展动力和核心竞争力。新常态下高等教育经费资源配置要充分发挥市场机制的作用，激发高等教育市场活力，充分利用社会资源弥补高等教育机构自身不足之处。当然，这里并不是说否定计划配置模式对高等教育机构在经费资源配置中的主要作用，而是随着社会主义市场机制的不断完善，高校自身发展的局限性越来越明显，原有的高等教育经费资源配置模式已经无法适应现实需求，这主要表现在原有的劳务分配制度、工资薪酬制度等随着物价上涨尚满足不了教职工的正常生活需求，大学生在某种程度上也面临着高等教育成本分担的巨大压力。因此，高等教育经费资源配置模式需要创新，政府、高等教育机构以及社会在高等教育成本分担方面也亟需相关部门统筹配置。

二、高等教育经费资源配置优化的基本原则

（一）以人为本原则

新常态下高等教育经费资源配置需要坚持以人为本原则。人的主观能动性赋予知识以活力，而教育将知识传授于人，进而发挥知识在生活实践中的改造作用。但在传统教育教学理念中，常常把知识作为终极目的，认为学生是知识的附庸，把学生看成是可以被塑造、被加工、被施加影响的物品，这显然是与以人为本的教育人文精神是相悖的。中共十六届三中全会中将以人为本作为科学发展观的核心，明确了以人为本是社会发展的最高价值取向和根本出发点。以人为本就是要尊重人、理解人、关心人，就是要把不断满足人的全面需求，就是要促进人的全面发展。当前，高质量人才成为社会大量需求且激烈竞争的重要资源。近年来高校毕业生数量虽在不断刷新高，但大学生就业难问题依旧是社会各界较为头疼的难题，高校毕业生与社会需要的人才匹配度不高实为高等教育高素质专业人才培养不足的表现。新常态下，人口规模效益递减，对高素质人才的要求越来越高。只有全面提高教育质量，培养优秀人才，才能将人口红利最大化，将人口负担转化成人力资源和人力资本。高等教育经费资源配置优化需要坚持以人为本的原则，主要表现在为教职工提供合理的薪酬待遇和为高校学生提供具有竞争性的奖学金和助学金以及勤工助学等基金项目方面。坚持以人为本，适当提高教师薪酬待遇和学生补助经费在高等教育经费支出中的比重，确保教职工和学生在教育教学中的基本生活保障才是高等教育机构在提高人才培养质量和提升教职工教育教学中获得人生价值之幸福感，从而促进人的全面发展的前提。

（二）效率优先，兼顾公平原则

高等教育经费资源配置需要坚持效率优先原则。"效率优先，兼顾公平"的分配原则，早在 1993 年中央在确立社会主义市场经济体制时就曾提出，到中共十六届五中全会强调"更加注重社会公平"，效率与公平问题一直以来都为经济学界和社会学界争议的焦点。赞成者认为"效率优先，兼顾公平"符合发展是硬道理的思想，新常态下要转变经济增长方式，就是要改变低效率的增长方式，就是要坚持效率优先。而反对者认为过于重视效率而忽视公平造成了社会贫富差距太大，这与我国的基本制度安排以及以人为本的基本理念相抵触，不利于和谐社会的建设。当然也有人提出效率和公平同等重要，两者并非此消彼长的关系，可以并驾齐驱。中国改革开放论坛副理事长黄范章认为，应当遵循"效率优先、增进公平"的分配原则，并表明效率与公平有相互促进的关系，效率优先是增进公平的前提和条件，而增进公平是效率优先的归宿和目的，效率优先的结果是增进社会公平。中国市场经济研究会会长王珏认为"市场主导效率，政府主导公平，第一次分配主张效率，第二次分配应该重视公平。"北京城市学院院长傅正泰认为，效率跟公平是一致的、相辅相成的，公平不等于平均主义。这里的公平是指公平的竞争和公平的机会，而非平均主义。应该大力发展教育，营造更加宽松的环境，鼓励社会公平竞争，反对垄断。《学习时报》总编辑周为民则认为，效率优先核心是资源配置效率。

　　笔者以为，新常态下高等教育经费资源配置应该坚持"效率优先原则"，这是由社会主义市场经济体制和市场机制以及经济发展规律决定的，新常态下追求效率所产生的社会经济效益将远大于过分追求公平。关于效率与公平在资源配置中分配原则的优先权问题可以用一个比喻来说明，如果将有限的高等教育经费资源比喻成一大缸水，要分配给拥有不同大小容器的人们，为了保证大家都能喝到水且能达到正常的需求，该怎么分配呢？先简单地看看效率和公平的含义，高等教育经费资源配置的效率和公平是指将高等教育经费资源按照各高等教育机构的正常需要合理地科学地能够满足其收支平衡地分配下去，不造成浪费，不产生富余的状态称之为配置效率高和超公平。那么再来看看分水的事情，论机会每个人都有，论个人需要也都能满足每个人盆满钵满，在种种情况下，还需要谈论效率与公平吗？可现实中总有人觉得不公平，看到别人拿个盆就觉得自己的钵小了，没有别人得到的水多，这就是公平问题；如果实际需求只要一个钵，却拿了一个盆，就会造成浪费，继而产生效率问题。新常态下就是要避免效率低下问题的出现，故而在高等教育经费资源配置中需坚持效率优先原则。当然，也要兼顾公平。

　　（三）统筹协调原则

　　高等教育经费资源配置要坚持统筹协调原则。笔者在前文就已经讲过，新常态下的高等教育经费资源配置优化需要政府、高等教育机构和社会三方主体协调才能发挥各自的主体作用。坚持统筹协调原则，加强统筹协调能力、注重上下联动机制是对高等教育经费资源配置主体责任的要求也是考验。中共十八大以来，党中央高瞻远瞩，统揽全局，深思熟虑，提出了一系列治国理政的新思想、新理念和新战略，并从我国经济发展的阶段性特征出发，形成了一系列具有指导性、前瞻性和针对性的重要论述。从"中国梦"到"四个全面"的战略布局，从"三期叠加"到"经济发展新常态"的重大判断，从"五大发展理念"到"供给侧结构性改革"的重要指导等，这一系列全面、系统、生态和实事求是的论述，其核心要义就是协调发展和统筹兼顾。全面协调，统筹发展有其深刻的历史渊源，并非凭空想象，中国共产党一直以来都在强调这一点。不论是毛泽东的"弹钢琴"思想，还是邓小平的"两手"论，以及习近平的"全面"观，都是对中国共产党统筹兼顾协调发展理念和方法论的良好继承和与时俱进的发展。新常态下贯彻落实习总书记的重要思想，不仅要学会运用辩证法，善于"弹钢琴"，还要善于处理局部和全局、当前和长远、重点和非重点的关系。对于高等教育经费资源配置而言，坚持统筹协调原则就是要求政府全面把握高等教育发展形势，高校协调高等教育经费资源配置结构，社会建立完善的高等教育经费资源配置的竞争机制，三方统筹协调提高高等教育经费资源配置效率以求优化路径。

第三节　高校教育经费资源配置优化路径

新常态下，由于经济增长节奏放缓，供给侧结构性改革力度加强以及高等教育"双一流"建设任务紧迫等现实状况，要求政府加强高等教育经费资源配置的宏观调控角色，高等教育机构要全面提高高等教育经费资源配置效率，力争培养出高质量的专业型、应用型和综合型人才，而社会在享受高等教育产品——人才的同时，也要为高等教育事业发展创造良好的环境。新常态有新要求，新要求就有新挑战，如此倒逼高等教育经费资源配置的三方主体形成"三足鼎立"稳定的、可持续性的、相互监督相互促进发展的良性循环格局。因此，新常态下高等教育经费资源配置优化需要遵循以人为本、效率优先和统筹协调原则，不仅要解决高等教育经费资源怎么配置的问题，还要解决高等教育经费资源怎么利用的问题。这就需要从高等教育经费资源配置的三方主体——政府层面、高校层面和社会层面来寻求优化路径。

一、政府层面

（一）提高政府宏观调控能力，完善社会主义市场经济体制机制

改革开放以来，社会主义市场经济体制不断完善，我国社会资源配置的方式也发生了很大变化，从"计划为主，市场为辅"的资源配置方式到让市场在资源配置中起决定性作用和更好地发挥政府作用的转变经历了无数实践探索和理论创新。对于高等教育经费资源配置而言，新常态下提高政府宏观调控能力，完善社会主义市场经济体制机制要从以下几个方面着手：一是转变政府职能，明确主体角色，即政府作为高等教育经费资源配置的主体，扮演着高等教育经费资源配置的主要支配者和管理者，尽管经费资源筹措手段多元化，但对高等教育经费资源投入力度依旧需要不断加强。二是建立资源共享机制，打破区域发展不均衡，高等教育市场垄断，高等教育经费资源配置效率不高导致高等教育质量头重脚轻的两极分化局面。一方面可以避免资源浪费；另一方面也可以加强各教育主体之间的交流，有利于政府从宏观上把握高等教育市场发展动向，以便合理地进行财政预算，提高高等教育经费资源的配置效率。三是要坚持开放原则，拓宽国际视野，在社会主义市场经济体制下，市场竞争主体多元化，只有全面提高对外开放水平，在更大范围、更广领域和更高层次上参与国际经济技术合作和竞争，才能充分利用国内外市场，优化高等教育经费资源配置，拓宽高等教育发展空间。

（二）优化经费资源配置制度，鼓励高等教育机构拓宽筹资渠道

财政预算制度作为高等教育经费资源配置的基本保障，在满足高等教育机构发展的前提下，根据教育市场需求来完善财政拨款制度是高等教育制度改革的一大重点。新常态下，优化高等教育经费资源配置制度需要从以下几个方面来考虑：一是完善区域间均衡配置制度，高等教育财政拨款的预算依据不能简单地看高等教育机构自身预算方案，形成一边倒的局面，而应该综合考量社会需求与高校自身发展的实际需要，以及与全国范围内教育资源均衡配置相结合来制定。具体来讲，就是要尽可能向中西部高等教育市场倾斜，以提高我国高等教育水平的最短"木板"，鼓励东部地区高校带动中西部高等教育，实现区域均衡发展。二是完善基础教育财政拨款制度，确保为高等教育提供优质的发展"种子"。近些年来，

教育财政拨款在一定程度上偏向于高等教育，而忽略了基础教育对高等教育发展的重要性，尤其是农村基础教育水平较低，学生人数又众多，加之经费资源有限更是加大了走出农村实现"鲤鱼跳龙门"的难度。三是建立高等教育机构拓宽筹资渠道的激励制度，减小财政压力的同时也能加强高校自身发展实力。一方面要加强校企合作；另一方面合理利用其他社会资源，比如校友会、知名企业家和慈善基金会等社会捐赠平台筹资。

（三）加强经费资源配置监督，建立完善高等教育绩效评估体系

建立健全高等教育经费资源配置的监督机制是提高经费资源配置效率和使用效率的基本保障，政府财政拨款不能只停留在怎么配置经费资源的层面，而更应该关注高等教育经费资源怎么使用和使用的效果方面。因此，加强高等教育经费资源配置，完善高等教育绩效评估体系需要做到以下几点：一是要成立政府财政拨款委员会，专门负责高等教育经费资源配置问题，从财政预算到政府拨款，从经费资源配置执行情况监督到高等教育经费资源配置效果评估。建议合并审计部门和监察部门，以便于全面了解高等教育财政预算和经费执行情况，从而提高高等教育经费资源的配置效率。二是完善高等教育机构绩效评估体系，特别是对于专项拨款的经费资源进行绩效评估，同时制定奖惩制度，对于评估成果较高的加以奖励，反之，对于绩效较低者实行惩罚，甚至追回已拨付款项，并备案留用，作为以后财政拨款定额的依据。三是鼓励高等教育机构实行财务信息公开以便于接受公众的监督，让公众了解高等教育经费资源的使用明细，从而形成财政拨款—行政监督—成效反馈的良性循环格局。

（四）适当下放资源配置权力，激发高等教育机构市场竞争活力

自 2013 年以来，国务院就公布了取消和下放部分行政审批事项以及行政审批中介服务事项，并承诺减少三分之一以上的现有审批事项。这一目标的提前完成为进一步深化行政体制改革，进行简政放权，实行放管结合，优化服务改革，推动转变政府职能注入了强大动力。但这一举动的实施进度较为缓慢。就高等教育经费资源配置优化路径而言，政府应从三方面来简政放权：一是下放高等教育资源配置的分配权于市场，让市场发挥高等教育经费资源配置的决定性作用，具

体来说就是只管财政拨款的配置效率反馈，而不是整体配置过程。二是下放高等教育经费资源的使用权于高等教育机构，根据高等教育机构自身发展的需要自由支配经费资源，而不是明确规定高等教育机构具体该怎么使用教育经费资源，形成所谓的"统一标准"。三是下放高等教育经费资源配置的监督权于社会大众，让社会行使监督权不仅能缩减政府行政审批程序，而且能弥补政府监管不全的不足之处。当然，不论是下放分配权于市场，还是下放使用权于高等教育机构，抑或是下放监督权于社会大众，下放并不意味着撒手不管，而是通过权力下放能够激发高等教育机构市场竞争活力，可以更全面、更科学地了解高等教育市场需求，以便提高高等教育经费资源的配置效率。权力下放有利于树立政府威信，也有利于政府统筹协调，全面改善高等教育质量，综合提升高等教育水平，早日实现高等教育强国梦。

二、高校层面

（一）优化高校财务制度，科技经费管理科学化

科技经费在高等教育经费资源中占有很大比例，长期以来，我国高校在财务预算分配与管理方面一直实行的是"统一领导、集中管理"或者"统一领导、分级管理、集中核算"的集权式财务管理体制，这在我国高等教育外延式发展阶段发挥了不可替代的重大作用。新常态下，高等教育发展进入内涵式发展轨道，显然这种"大一统式"的财务管理制度已越来越不适应于建设现代化的"双一流"大学的需要了，高校财务管理制度优化显得尤为必要，尤其是科技经费管理亟需科学化：一是明确科技经费的所有权，科技经费根据来源不同可以分为纵向课题经费和横向课题经费，纵向课题一般来源于上级单位，一般性经费属于学校课题组共同所有，分配权在于课题组。而横向课题来源于同级或者企事业单位外包课题，此类科技经费资源因归个人所有，可以不走高校自身财务系统的审批流程。二是下放财务自主权，除了公共财政预算和专项经费外，分配给二级院系的财政拨款可以不统一规定怎么使用的问题，只需要加强管控和监督机制即可，也就是只管怎么分配的问题，充分发挥各院系、各学科自主办学活力。三是实行精细化管理，针对二级院系单位的财务管理存在监控不全和监督不力的问题尤为重要，

具体来讲就是责任分工精细化、经费支出精细化、信息保存精细化等。

（二）加强自身创收能力，捐赠经费管理规范化

争取社会捐赠经费资源是新常态下各个高等教育机构创收的重要方式，随着社会捐赠金额的增大，捐赠类型的多样化，捐赠经费资源在高等教育经费资源来源中的占比也越来越高，捐赠经费管理的相关规章制度亟需完善。规范化管理社会捐赠经费资源主要是建立和完善监督机制：一是接受捐赠的高等教育机构要根据捐赠单位和个人的意愿合理配置捐款经费，配置效率要受到捐赠单位和个人的监督；二是捐赠经费资源要接受社会大众的监督，及时公开公布捐赠经费支出明细的同时要以目标导向为基准，提高捐赠经费资源的利用效率，提升高校在使用捐赠经费资源方面的公信力；三是高等教育机构内部要充分利用捐赠经费资源的机会展示自身综合实力，要加强自我管理自我监督，也要接受法律监督。建立健全社会捐赠经费相关制度和机制要根据高等教育机构自身实际情况，捐赠经费类型以及捐赠金额大小来制定专款专用制度，可以增设捐赠经费临时监管小组，但要避免出现"内卷化"造成经费资源浪费。

（三）提高奖助学金占比，学生经济来源保障化

在高等教育经费支出中，奖学金和助学金占有一定比例，就坚持以人为本办学理念来说，这部分经费资源在所有教育经费资源中的意义是比较重大的。一方面，奖助学金可以在很大程度上激发大学生自主学习动力，提高学业水平和专业能力。另一方面，通过奖学金和助学金提供的经费补贴在精神和物质两方面都能给大学生带来便利。为给高校学生在校经济来源以保障，提高奖学金和助学金经费资源利用效率，可以从以下几个方面来考虑：一是加强本科生奖学金投入比例，提高学习兴趣。本科生刚经历高考，进入大学后很容易养成懒散习惯，通过设立高额奖学金，可以激发斗志，培养热爱学习，勇于实现人生价值的良好品质。二是加大研究生助学金和奖学金投入力度，创造轻松愉快的学术环境。自 2014 年国家取消研究生公费后，研究生需要开始自费缴纳学费，虽然加大了补助经费力度，但依旧减轻不了研究生的经济压力。近年来，研究生的就业问题一直处于很尴尬的位置，很多私企只想聘用廉价劳动力——本科生，而国企、外企等大型企

业对研究生的青睐也随着研究生培养质量的下滑渐渐失去信心。绝大多数研究生在读期间无不为了自食其力而放弃了在校从事科研学习锻炼能力的大好时光，匆匆三年时间转眼即逝，到最后该学的专业知识没有学精，该获得的科研技能一知半解，进入社会工作后又得从头再来，得不偿失。三是加大勤工助学助研岗位支持力度，为在校生提供更多可以稳定经济来源同时学到更多技能的机会，不失为提高高等教育经费资源使用效率的一剂良方。

（四）加强校企合作机会，产学研成果高效率化

建立和完善产学研协同创新机制是将高等教育科研成果快速转化为实用性较强的生活实践的有力举措。随着我国科技水平不断提升，高等教育机构的科研成果可谓硕果累累，但真正用于现实生活中的成果却寥寥无几。一方面，由于很多科研成果仅仅停留在理论层次，缺乏实效性，导致科研成果的适用性不高。另一方面，科研人员缺乏对市场需求的深入了解，与企业缺乏有效的沟通，科技前沿把握不到位，导致科研成果缺乏时效性。如此一来，科研项目经费的大量投入后产出效益不高就会造成经费资源浪费。作为科学研究圣地，高等教育机构在培养高科技人才时需要做到以下几点：一是加强科研立项评估，是否具有前瞻性，是否具有实用性，是否能产生社会效益等都需要在立项前做好评估，注重科研项目的质量，而不是数量。二是明确科研立项目的，转变思想观念。科研立项不以获取科研经费为导向，而应该以培养高素质专业化的科研人员和高质量的科研产出结果为目的。三是加强校企合作，建立产学研一条龙式长效机制。

三、社会层面

（一）增强配置主体意识，争取经费配置主动权

社会企事业单位在高等教育经费资源配置中的作用相对政府和高等教育机构来说并不明显，但随着社会主义市场经济体制机制越发完善，这种作用将逐渐显现出来，并且还会越来越强。一方面，在激烈的社会资源竞争下，人才将成为企事业单位之间的主要竞争对象，而高校作为培养人才的圣地，高等教育经费资源投入和使用情况直接影响到人才培养的质量，从而间接影响到社会企事业单位人才聘用的效率。另一方面，校企合作越来越频繁，企事业单位参与高等教育机构

人才培养和科研项目投资的力度也越来越大，因此，社会各企事业单位也需积极争取高等教育人才培养和科研项目经费配置的主动权，增强经费资源配置的主体意识，才能更大程度的提高高等教育经费资源配置效率和社会效益。

（二）加大培训投资力度，增强毕业生适应能力

高等教育投资的一大目的就是培养高素质的专业型、应用型和创新型人才，但由于高校人才培养模式陈旧，毕业生供给已不适应高速发展的社会需求了，造成高等教育经费资源配置效率低，经费资源浪费严重。大量高校毕业生进入社会后很难融入其中，高学历低能力也成为社会企事业单位用人的一大难题。为了使得不断涌入社会的毕业生能够尽快融入其中，除了政府和高校要进行人才培养模式改革创新外，目前最快最有效的办法就是社会企事业单位加大对毕业生的培训投资力度，提高业务技能，增强适应能力，为政府和高校解决毕业生就业难问题做出应有贡献。

（三）加强经费投资跟踪，提高科研成果转化率

社会企事业单位在争取到与高校合作投资人才培养和科学研究后，应该加强投资跟踪，有效的监督机制是提高投资效益的必要条件。从项目竞标、投入生产、实现科研成果转化为实际应用的整个过程监督都是必不可少的。2017年5月4日，湘潭大学在95级校友谭曼的资助下成立全国首家信用风险管理学院，以培养行业缺乏的理论研究和专业人才。此举是湘潭大学积极对接产业行业需求，顺应社会发展和人才需求的必然选择。据商务部统计，今后五年，中国将至少需要50万名信用风险管理人才，人才需求和供给缺口极大。信用风险管理行业急缺深度的理论研究和高素质的专业人才培养，也急需高等教育和科研机构介入助推行业发展。该校友不仅最少捐资1亿元用于学院的场地建设、日常运行、师资引进、科研奖励、教材开发、学生培养，还将提供多年积累的从业经验，委派优秀管理人员以加强学院建设。谭曼认为资金捐赠固然能体现校友情感，但让母校在现代教育的竞争中保持领先、可持续地良性发展，才是最终目的。这就是在高等教育投资的同时，加紧产学研投资成效跟踪的典范。

（四）维护教育投资秩序，当好政府和高校助手

社会企事业单位参与高等教育活动，弥补了政府和高校在培养人才理论知识而缺乏实践经验方面的不足，从人才培养和服务社会的功能来看，教育培训机构与高校的功能具有高度相关性和一致性。尤其是在出国留学、继续深造和公职考试中发挥了很大作用。但此类从事着高等教育活动但不具备完全公益性质的高等教育机构是以盈利为目的的，参与了高等教育投资，享用了政府和高校投资的人力资源，是对高等教育经费资源投资的二次开发和再利用。此类企事业单位对于高等教育事业的发展的影响必须要引起相关部门的重视。对于这类企事业单位自身发展来说，必须要维护好高等教育投资的市场秩序，公平竞争，合理配置才能做好政府和高校在投资人才培养和服务社会的贤内助。

第六章　基于劳动力市场分割视角下的家庭高等教育决策研究

第一节　高等教育与劳动力市场分割

一、高等教育决策理论综述

教育既可被视为一种准公共物品，又可被视为一种投资品，而从个人以及家庭的角度出发，教育更经常地被作为一种投资方式。

从消费过程和收益享用方面来看，教育具有排他性和竞争性：从教育产品的消费过程来看，人们在投资教育的过程中需要承担一定的费用和成本；而教育的个人收益体现在受教育者专业知识、技能水平等方面的提高，以及由此得到的更为可观的收入和更优越的社会地位，甚至是个人自我价值的实现，这些收益无疑也是具有排他性的。个人的教育投资或消费具有的排他性和竞争性，并不妨碍教育通常被作为准公共产品。因为从社会层面来看，教育的作用远不止提高个人技能、增加个人收入、提升个人社会地位的社会化功能和社会选择功能。作为社会系统的重要组成部分，教育对经济、政治、文化的建设发挥着重大支持和维护作用，对人类社会的整体发展有着重要影响，其中高等教育的影响尤为明显。另外，对于转型期的我国来说，高等教育更是肩负着通过科技创新实现国家强盛和民族复兴的伟大使命。

人们接受教育的最根本的目的在于将来的收益，但在接受教育的过程中物质成本和时间成本的支付必不可少。通常，个人为提高其自身知识和技能从而获得更多的收益，会将接受高等教育作为最优途径，因此，教育更大程度上是一种生产性投资。把高等教育作为一种投资品,是很多学者的共识。例如,舒尔茨曾经说过:"教育远不是一种消费活动,相反,政府和私人有意识地投资,为的是获得一种具有生产能力的潜力,它蕴藏在人体内,会在将来做出贡献。"刘易斯在《经济增长理论》中也曾说过:"受过高等教育的人基本上把高等教育看作一种投资,是确保取得优越的社会地位和优厚收入的一种手段。"

关于是否接受高等教育的决策,与学生自身的人力资本投资密切相关,因此,决策的出发点更多是从"如何能获取最大收益"这一投资者的角度来考虑。不仅如此,作为一种准公共物品,高等教育决策也影响着教育产品的均衡,因而受到学者们的广泛关注。在对高等教育决策的研究中,欧美等国的研究集中于高中毕业生所做出的几乎所有与高等教育相关的选择,其中包括是否申请进入高校,如何选择学院或者系别,接受教育期间是否退出高等教育,求学期间与父母合住还是独立居住,是否需要申请贷款,以及是否需要做兼职工作等。中国高等教育初始阶段的决策过程与国外的情况存在很大差异——总体来看,绝大多数高中毕业生必须参加统一的每年一次的高校入学招生考试,并按照高考分数选择学校。然而,到了硕士及以上的研究生教育阶段,从教育决策方面来看,国内外比较一致——都是学校与学生之间的双向选择,因而相关决策过程更为社会化。

通过对未来一定时期内高等教育投资活动的方向、内容及方式的选择或调整,从而实现高等教育投资效益最大化的目标,是高等教育决策投资决策理论的基本思路。这种投资决策与人力资本理论的产生和发展息息相关。美国经济学家舒尔茨 1960 年发表了《自由教育形成的资本》一文,该文的诞生意味着人力资本理论的形成。随后,引发了人力资本理论的世界性研究热潮。其中,贝克尔在他的《人力资本》一书中提出了人力资本投资 – 收益的均衡模型,并运用经济数学方法,考查了人力资本投资和经济增长之间的关系;丹尼森通过对美国 1929 至 1957 年间的推动经济增长的原因的实证分析,为舒尔茨的观点提供了最为有利的补充和证据。此后很长时间的研究都是从宏观层面来进行的,强调了人力资本对宏观经济增长重要的促进作用。其间,关于个人教育投资的计量模型也陆续被提出来,如施瓦茨提出的未来工资报酬折现模型,以及弗兰姆霍尔茨的随机报酬价值理论等。其中最具有代表性的、在学界有着深远影响的就是明瑟尔提出的教育收益率分析法，明瑟尔方程至今仍是衡量教育收益率高低、研究教育收益率影响因素的重要方法之一。20世纪90年代，教育投资的研究范围有了大幅拓展，学者们开始把目光投向世界各地的经验证据。这一时期的研究主要集中在对各地教育收益率的比较、教育对增长以及收入不平等的影响。

总体说来，国外对高等教育决策问题的研究，以学生个人作为中心行为人，主要从三大视角来进行分析（Hossler等，1999）：（1）社会学视角，源于社会学的理论，依据该理论，学生的决策主要受别人的期望的影响；（2）经济学视角，基于经济学理论，将学生看成理性"经济人"，依据成本收益分析来决策，这一角度是大量相关计量研究的理论基础；（3）信息学视角，基于博弈论，将经济方面和社会方面的因素相结合，把教育决策看作是家庭在不完全信息背景下的资源配置。以上三个视角反映了各理论所揭示的影响高等教育决策的主要因素。而国内前期的相关研究大多数承袭了人力资本理论，采用与对其他投资品相似的成本——收益分析法，该方法重点考察个人投资于高等教育的成本和收益，并据此核算教育的内部收益率，而将内部收益率作为个人投资的决策依据。

（一）社会学视角相关理论

基于社会学视角的高等教育决策模型将学生看作社会人。社会学家对于期望的形成更为关注（Sewell，Shaw，1968）。他们认为人们从属于某个社会群体，每个群体有既定的规范和价值观，个人认同社会群体的目的以及赋予每个人的义务，并以所属群体共同尊崇的规范和义务等来要求自己（March，Olsen，1995）。由于社会群体中的人们自愿且坚决地按照他们所属群体的期望做出行动，因此会按照一定的逻辑进行决策（Hossler等，1989）。对学生的志向、抱负产生影响的因素，通常来自原生家庭、同伴以及学校环境几个方面。这些变量会随着时间发生变化，并能够相互作用，进而在不同程度上对高等教育决策过程产生影响。地位获得模型（Hossler，1999）用包括行为变量和背景变量的自变量组来解释学生决策。其中，行为变量包括学生的志向、所受到的激励以及动力、如何利用闲暇、在学术方面等；背景变量则主要考虑的是个人的性别、家庭背景特征（包括父母的收入、所受的教育、从事的职业），以及来自老师、朋友和同伴的影响。

国内从社会学角度进行的研究，多局限于描述性统计分析，其焦点主要投放在高等教育对社会阶层流动所起到的催化作用、对个人能力所起到的提升作用，以及教育本身的信号作用等方面。

（二）经济学视角相关理论

按照经济学的基本假设前提，学生是理性人，其做出的任何决策都是理性的。关于是否接受高等教育的决策，也不例外，它是学生进行成本收益分析之后所做出的理性决策。从该视角出发对高等教育决策的分析，主要借助效用理论、人力资本投资理论、博弈论等方法。

1. 效用理论

根据经济学的基本假设，资源是稀缺的——总的资源以及可获得的教育资源均是有限的，学生在一定条件的限制下，运用边际效用最大化的方法得出最优决策。具有不同特征（如性别、特定社会地位）的人之所以做出不同的决策，是因为他们面临不同的成本收益（Hossler，1999），同时，这一决策还受到不同大学各自的不同特点的影响。

另外，还有这样的观点——效用理论没有把教育看作一项投资（Bowen，1977），因为该理论只考虑短期教育的预期收益。在此基础之上，他们提出高等教育之于学生，既是消费品，也是投资品（Rothschild 和 White，1995；Canton 和 Vossensteyn，2001）。

2. 人力资本投资理论

教育是一项人对其自身及其周边环境的投资，目的在于获得将来的收益，这是人力资本投资理论对教育的基本看法（Schultz，1961；Becker，1964；Psacharopoulos，1987）。

接受教育能够给受教育者带来类似消费商品的满足感，从这一角度，教育可以被看作消费品。然而，接受教育为了获得更多未来收益的目的性，与过程中需要承担的财、物、时间，决定了教育更大程度上可以被视作一种生产性投资。并且，显而易见的是，通过接受教育来提升个人的知识和技能水平是一条相当合理的途径。

从这个角度分析，是否接受高等教育是一种经济决策，因此，与其他经济决策相似，决策之前都需要对成本和收益进行详尽的分析。接受高等教育的成本由直接成本（直接花费）、机会成本和心理成本三部分构成；同时也会带来两部分收益——经济收益（收入的提升）和社会及心理收益（如果把高等教育看作消费，则其收益主要体现在心理方面，主要包括良好的卫生保健、心理健康水平的改善、个人文化教育修养水平的上升、个人社会地位的提高、进入上流社会的机会增多、个人社会生活结构的优化以及生活质量的提高、就业竞争优势、成就感等；心理方面的消费性收益是难以用货币形式衡量的，因此是非货币性收益）。由于心理成本和心理收益的衡量非常困难，通常不纳入分析。而高等教育的投资性收益，指的是受教育者通过接受高等教育形成较高的劳动能力，从而能够在劳动力市场上获得的可以量化的货币收益——主要指接受高等教育后的劳动收入的增加额。理性的人们会对高等教育投资的期望收益与机会成本的净现值进行比较，如果前者大于后者，那么他们会选择接受高等教育。

最初以人力资本投资理论为框架的研究中，忽视了不确定性因素对收益的影响，缺乏对风险的预测与防控，因而更适用于对短周期的人力资本投资决策。为了扩大模型的适用范围，将不确定因素的影响纳入分析中来，在对收益进行折现时，使用了加权的预期收益法，由于充分考虑了未来不确定性因素的影响，这种方法可以用来对长期人力资本投资决策进行分析。

事实上，个体对高等教育入学机会的选择更多地是以家庭为决策主体来做出的。有鉴于此，一些经济学家在 20 世纪 80 年代开始将家庭引入，应用微观经济学的经典分析方法，构建了家庭教育决策模型。初期学者们提出的当期模型与现实出入较大，其主要原因在于高等教育投入与收益之间存在着很长的教育过程的间隔。因此，Mason 提出了跨期教育决策模型。随后，博弈论的蓬勃发展为家庭高等教育决策的研究提供了又一个分析工具——Manser 和 Brown（1980）以及 Mcelroy 和 Horney（1981）等将之引入。Sawada 和 Loksbin（2001）考虑了多个子女的家庭中，如何在收益不确定并且充分考虑投资风险的前提下做出教育决策的。

而对于我国的家庭而言，投资高等教育的经济收益是不确定和不稳定的。对于我国家庭高等教育投资的现状，钱丽（2007）认为，大部分家庭投资高等教育的愿望强烈，但决策水平偏低；在高等教育成本的负担方面，家庭承担的比例过高。许祥云、华婷（2013）也认为关于高等教育，家庭投资愿望强烈，但投资决策主体的决策水平偏低，往往由于认知偏差（如攀比心理、从众心理）导致在高校选择、专业选择等方面方向失衡、投资额度超出家庭经济许可范围等情况的发生。曲斌、黄璐（2007）通过对低收入家庭的研究，也发现低收入家庭承担不起初期投入成本而做出的摒弃教育机会的决策是科学的。张学军（2008）发现，对于高等教育，农村家庭通常做出的是"选择最好成绩启发式"决策，而并常以"成本—收益分析"作为决策依据，由于这一决策过程并不理性，往往会造成过度教育投资、忽视风险等异常现象。

3. 信息过程视角

基于信息视角的分析，是否接受高等教育的决策是一个过程，在不同阶段受到不同因素的影响，教育决策是家庭在不完全信息背景下，面对诸多不确定性，经过权衡的资源配置。Litten（1982）的"高等教育选择行为扩展模型"，把有关高等教育的个人选择行为看成一个"漏斗"——最初有大量学生准备接受高等教育，但是随着过程中一些学生的放弃，最终参加大学入学考试的只是其中一部分学生，他强调应主要分析哪些因素会对学生是否接受高等教育产生影响。Hossler 和 Gallagher（1987）则进一步把这一"漏斗式"选择过程分为了三个阶段："意向"阶段，和"决策"阶段。学生在这三个阶段分别关注的是："意向"阶段，考虑要不要继续接受高等教育；"寻找"阶段，关注和搜索关于高等学校的各种信息；"决策"阶段，经过评估并最终决定在哪所学校就读。Hossler 认为在"意向"阶段主导学生入学意愿的是选择的社会性意义，而在"意向"和"决策"阶段则更多依靠经济性分析。ChrisLaing 等（2002）运用博弈论解释了学校和学生双方对教学与学习环境的期望。对其影响因素的更进一步分析发现：从"经济"角度来看，学生个人的能力、学术成果很大程度上影响着决策。例如，有研究发现，高中阶段的 GPA 和 SAT 能够很好地对是否申请大学进行预测（Manski 与 Wise，1983）；从"社会"角度来看，家庭的社会经济地位，包括父母的收入、父母的教育水平以及社会地位、同伴的支持和鼓励，对接受更高教育选择的倾向有影响。

近几年我国学者的研究中，乐志强、卢曼萍、周杨平（2014）通过对江西省农村家庭的问卷调查，结合回归分析发现以下因素对农村家庭高等教育投资决策影响较大，例如，家庭年收入、父母的利己程度、就读高三的子女的学习成绩和学习态度、周围的人对子女读大学的态度、拟选择高校的学生资助政策、读大学间接成本、高等教育投资风险等。罗楚亮、孟昕（2016）则认为农村高中毕业生远低于城市高中毕业生的接受高等教育的机会，以及因此降低的接受高等教育的预期收益，才是导致大部分农村学生不愿意继续上高中，继而接受高等教育的重要原因。

另外，筛选理论认为个体的劳动生产率是内在的，教育的作用更多是区分、筛选出高劳动生产率的人（只有劳动生产率高的人才会做出接受高等教育的决策），使得人尽其能。教育作为一种信号，不仅能给整个社会带来更高的人才配置效益，还能提高高劳动生产率的人的私人收益。

既有的高等教育决策理论，其重点在于决策机制的分析，以及影响决策过程的因素分析。在影响因素的分析中，我国现存的劳动力市场分割，并没有被给予足够的重视，事实上主次要劳动力市场之间的壁垒在很大程度上决定了高等教育的预期收益，进而影响到家庭的高等教育决策机制。而这一方向正是本书研究的重点。

二、劳动力市场分割理论综述

生产要素之中最重要的因素之一就是劳动力。劳动经济学正是以劳动力的供求为研究对象。劳动力市场的竞争性和流动性都影响着劳动力的配置效率——充分竞争和流动的劳动力市场机制不仅能够促使劳动力得到更合理的配置，还会带来经济的增长。不仅如此，劳动力市场的效率还直接决定了工资的形成。从微观角度来看，市场机制运作的合理与否，事关每一位劳动者的收入，以及由此带来的公平感。作为理论经济学研究的重要领域，劳动力市场很早就赢得了学者们关注的目光。早期的劳动经济学是以新古典经济学为基础的，因而在这一理论框架之下，劳动力市场按照完全市场化方式来配置劳动力：需求方——厂商追求的是利润最大化，他们为劳动力的定价依据是劳动的边际收益；供给方——劳动者追求的是效用最大化，他们会在不同的工资水平下，劳动力的供给量来达到这一目的；供需的均衡决定了市场均衡工资水平，此时市场处于出清状态。劳动者的工资水平取决于人力资本存量——学校教育、在职培训、健康、信息等。这一分析体系，从逻辑上看堪称完美，然而实际劳动力市场运行的结果与依照该方法分析所得出的结论之间相去甚远。差异主要存在于以下几个方面：一、劳动力市场上的工资水平并不在均衡工资水平附近浮动，反而存在着巨大差距；二、劳动力并不同质，即使不同劳动力提供了同样数量和质量的劳动，他们的工资水平仍可能因为歧视或是否加入工会组织而存在巨大差异；三、劳动力市场并非一个出清的市场，相反，更常见的现象是存在着大量劳动力处于失业的状态。

理论与现实的巨大差异引发了学者们新的思考，他们将目光投向了古典经济学时期的一些观点，例如斯密、穆勒等曾经提出的对劳动力市场存在很大影响的社会生产关系、法律制度、工会组织以及一些个人行为因素。然而，这只是个发端，实际上由于研究资料的不足和研究工具的缺乏，这方面的研究，在很长时间几乎裹足不前。直到 20 世纪 60 年代，人力资本理论的产生与计算机技术的快速发展，才合力引发了劳动经济学的一场深刻变革——一批美国学者在对古典经济理论中的一些劳动力市场相关思想的继承的基础上，逐步形成了劳动力市场分割理论，该理论重在讨论制度和其他一些社会性因素对劳动力市场中就业和报酬的影响，随着更多学者的关注，最终形成了劳动力市场分割学派。从纵向时间走向来看，劳动力市场分割理论经历了起源、产生与发展、复兴三个阶段。

（一）思想起源：穆勒的理论

对于劳动力市场中存在的由竞争性障碍和流动性障碍造成的工资的不均等，斯密、穆勒和马歇尔等人做出了不同的解释。斯密的主张体现在报酬平衡原理上，他认为这是劳动报酬的一般法则；马歇尔进一步将之扩展到全部生产要素，形成了要素价格均等理论。从某种角度上可以认为，斯密和马歇尔的主张是工资的不均等是由市场竞争本身所造成的。例如，斯密认为工资差异的起到的是平衡补偿的作用，其存在本身正是为了消除差异。他认为对某些职业需要进行一定的补偿，因为这些职业可能"一、不令人愉快；二、学习的难度大，费用高；三、工作不安定；四、需要承担重大的责任；五、在行业中成功的可能性比较小"。基于此，从事这些职业的劳动者获取更高的收入是市场竞争的应有之义。

穆勒的观察与对工资差异的认识比斯密更为深刻：他认为斯密的报酬平衡原

理的适用性是受到一定的实际限制的。他认为"收入的差异源自完全自由竞争的自然结果，愉快的职业收入低于不愉快的职业"这一看法是对一部分现实的曲解。因为，据穆勒的观察，真正费力并且令人讨厌的职业所带来的工资收入，与其他劳动比起来是更少而不是更多。原因就在于从事这些职业的人，往往没有其他选择。显然，按照穆勒的观点，工资不均等是背离报酬平衡原理的，并有其产生的社会根源。他认为："劳动的艰难程度与工资收入，并不像社会的一些公平安排那样恰成正比，而一般是成反比的。"——劳动者自身的差异造成有些人由于缺少技能和教育或是极端贫困，只能接受那些低收入的工作。工资收入不均等的另外一个重要原因是垄断，他所说的垄断来自两方面：一方面是自然垄断，这里指"由教育、训练导致的劳动力熟练程度的差异"；另一方面是人为垄断，这里指"由限制性法律、团体组织和习惯所造成的工资差异"。认为工资差距源自制度是穆勒与斯密和马歇尔观点的根本性分歧。这也是穆勒的理论被劳动力市场分割学派视作其直接理论来源的根本原因。

（二）产生与发展

劳动力市场分割理论产生并得到发展是从 20 世纪 60 年代开始，这一时期学者们尝试运用新古典方法以外的方式，从不同的角度来解释劳动力市场分割现象的存在。不同于新古典方法对劳动力供给的重视，劳动力市场分割学派侧重于从需求方面来分析劳动力市场中就业与工资的决定。

从这个角度来讲，劳动力市场分割理论可以看成是古典主义在劳动经济学中的复兴。另外，劳动力市场分割理论强调制度、组织、习俗包括社会歧视对劳动力市场的重要影响，他们认为尽管主要市场中劳动力的素质要普遍高于次要市场，但主、次要市场工作间的工资差别远远高于劳动者的素质差别。

在劳动力市场分割理论发展进程中，绕不过两个名字多瑞格和皮奥尔，正是他们最早对劳动力分割理论进行了全面的阐述。在他们的著作中，第一次明确地按照工资决定方式、福利水平和升迁机制的不同将整个劳动力市场划分为主要和次要两个部分，这是二位学者对该理论的奠基性贡献。在其理论中，内部劳动力市场是否存在，被作为分割存在的关键原因和标识，而这一论断给日后引入信息不完全理论对劳动力市场分割进行分析，提供了一个很好的切入点。

多瑞格和皮奥尔理论中的主要劳动力市场具有以下特点：一、就业环境稳定，一般而言从事的是资本或智力密集型的大规模的生产；二、企业内部分工严密、等级森严，员工的收入非常可观，企业提供专业的培训与可预见的晋升阶梯。次要劳动力市场中的情况则刚好与之相反。持类似观点的还包括：Gordan 和 Tobin，他们认为这一分析框架可以用来分析美国劳动力市场；Bosanquet 和多瑞格则利用该框架对英国的劳动力市场进行了研究，通过对年龄、性别、职业、教育等数据的统计分析，他们发现，尽管两国劳动力市场的运行存在细节上的差异，但相似之处在于都存在劳动力市场之间的分割与壁垒。劳动力市场分割理论自此获得学界承认，并成功引起了学者们的兴趣得以进一步推广。

劳动力市场分割理论经过这段时间的发展，逐渐搭建了一个比较完善的分析框架：（1）之所以存在主要和次要劳动力市场的分割，源自企业，尤其是那些在经济中具有很强竞争力的资本密集型企业和技术密集型企业的需求。由于体量较大，企业内部分工明确，这些企业自然需要一支稳定且忠实的劳动力队伍，为了获取这样一支队伍，企业提供给员工丰厚的报酬、合适的培训，以及完整的晋升阶梯，在内部劳动力市场中，劳动者的工资不遵循新古典边际原则，而是取决于其在内部劳动力市场中所处的位置；（2）次要劳动力市场中的需求方，则通常是那些处于低水平同质竞争中的边缘企业，它们的产品以劳动密集型为主，竞争力较弱。要想在竞争中盈利，必须对成本进行控制，因而它们没有能力和意愿建立内部劳动力市场。不仅如此，这些企业的内部管理通常也缺乏规范的制度，升迁机会更是少之又少。面临主、次要劳动力市场悬殊的收入和待遇差距，理智的劳动者将尽力谋求主要劳动力市场中的职位。然而，在试图进入主要劳动力市场的过程中，劳动者会受到包括制度以及企业歧视在内的多方约束。故此，被拒绝的劳动者只能在次要劳动力市场中竞争工作岗位。

在这一理论体系中，教育仅仅被视为劳动者发出"高生产效率"的信号，充当企业人才甄选的重要条件，也是劳动者进入主要劳动力市场必须满足的最低要求。一旦他们进入主要或是次要劳动力市场，其工资水平及所受待遇将存在很大差别。不仅如此，不同劳动力市场中的劳动者在工作转换过程中的表现也大相径庭：优势劳动者往往是有目的的，对他们而言工作转换有一定的规律性，并且与培训以及收入增加紧密相关；与此相反，劣势劳动者经常遭遇的工作转变通常与培训无关，并不能带来经济状况的改善。优势劳动者的职业生涯超过 20 年之后，通常不再转换工作，而是在同一个企业中通过在职培训或晋升来继续职业生涯；劣势的劳动者则长期处在底端的职业中。优势和劣势劳动者的收入差距会由于所获得的的在职培训的多寡悬殊，随着年龄以及工作经验的增长逐渐扩大。

除此之外，主要和次要劳动力市场在岗位要求和培训机制上存在的差异，会形成习惯固化在劳动者身上，这种影响的延伸造成次要劳动力市场中的劳动者缺乏合作精神与责任心、懒散且学习动力欠缺，而这些特征刚好与主要劳动力市场的要求相抵触。这些不良行为特征在次要劳动力市场中不断得到强化，最终会形成恶性循环，其结果就是他们重新进入主要劳动力市场的可能性会越来越小，以至于"阶层逆袭"成为泡影。

劳动力市场分割的理论框架正是由以上观点共同构成。

还有学者，如希克斯，将城市劳动力分为较高、中间和最低三个等级，其中较高等级的劳动力工作稳定、环境安全、薪酬可观；中间等级的劳动力能够获取一定的保护；处在底层的是城市无产者，他们的收入得不到保障，更遑论安全。劳动力的跨级流动，几无可能，因为每个等级（尤以较高等级最为明显）都会设置障碍，以保障等级内部劳动力的收入水平不变，其中教育和培训是他们设置障碍的重要工具。较高等级的劳动力正是通过教育将其手中掌握的特权转移给了下一代。

这个阶段还有激进理论，从制度和历史的角度对劳动力市场分割进行分析。如 Reich、Gordon 和 Edwards（1973）认为，建立内部劳动力市场是资产阶级借以分裂工人群体并最终稳定控制生产的重要方式。除此之外，资产阶级还会利用种族、性别等方面的差异来削弱工人群体。当然，这些理论使用的分析方法与经济学分析方法大相径庭，因而并没有在经济学界引起很大轰动。

尽管新古典劳动力市场理论框架有着很广泛的适用范围，但是在此框架下对一些现实问题仍难做出合理解释。劳动力市场分割理论恰逢其时的出现，弥补了其某些不足之处。但是在分割这一框架下的某些观点也因与现实情况不吻合而饱受质疑：例如，教育的信号作用，与舒尔茨、贝克尔的人力资本投资理论不符，与卢卡斯、罗默的新增长理论存在分歧，这些理论都用事实证明了，教育不仅是提高个人人力资本的重要手段，还对宏观经济增长起到十分重要的促进作用；次要劳动力市场中工资水平较低是由劳动力市场分割造成的这一观点，似乎也难以解释为什么次要劳动力市场中大多是生产能力低下的劳动者，而竞争理论则能够很好地对此作出解释。由于这些原因，劳动力市场分割理论一度有被边缘化的危险。

（三）理论的复兴

劳动力市场分割理论从 20 世纪 60 年代后期开始被学界广泛接受，并在 20 世纪 70 年代早期得到主流经济学家的重视。但是两篇有影响力的持不同观点的文章（Glenn Cain，1976；Michael Wachter，1974）认为劳动力市场分割理论假设很大程度上来说是非理论性的，并且建立在存在争议的统计分析的基础之上。尽管主流经济学家认为劳动力市场分割理论的某些洞见应该被纳入新古典的分析当中，但劳动力市场分割理论的支持者们并没能够发展出一个符合主流经济学家标准的形式理论。劳动力市场分割理论同时遭到诟病的还包括研究者们所用的方法，他们的方法被普遍认为有超出规范的趋势，如访谈法、观察法、历史研究、制度分析等。从某种角度讲，正是那些持有激进思想的支持者的研究将其理论研究推向主流经济学之外。

劳动力市场分割理论的重新出现与这两种趋势的逆转有着紧密联系。经济学家开始用非完全信息理论和最先进的计量经济学等现代工具去推进相关研究。随着实证工具的完善和研究条件的改变，20 世纪 80 年代末，劳动力市场分割理论迎来了它的复兴，在这一阶段多篇影响深远的实证文章被发表，劳动力市场分割的理论框架因之得到进一步完善。

劳动力市场分割理论的复兴是以 Dickens 和 Lang 1985 年和 1988 年两篇文章的面世为起始的。二人以收入调查的面板数据为基础做了实证研究，其结果表明，非经济壁垒存在于两个独立的劳动力市场之间，劳动力深受其害，难以在两个市场之间自由流动。他们在对工会影响的实证研究中也发现，工会的存在与否对工资水平的差距影响巨大。

同期，实证研究被广泛运用于一些新的观点的检验中。这些新的劳动力市场分割学派的观点深受马歇尔等人经典理论的启发。由于实证工具的运用，这些解释更加具有说服力。例如，在关于劳动力市场之间壁垒的存在原因的探讨中，劳资双方的谈判能力，以及具有激励作用的效率工资，被认为是主要、次要劳动力市场工资存在差距的重要原因。另外一个视角是从人力资本的角度出发的，Webster（2001）认为，劳动力资产会随着使用时间的累加不断增值，而非折旧（刚好与实物资产相反）。因此，能力的差距（也可以理解为人力资本存量的高低）成为劳动力进入主要还是次要劳动力市场的重要因素——能力强、升值潜力高的劳动力与能力差、升值潜力低的劳动力分别被纳入主要和次要劳动力市场，劳动力市场分割就此形成。

继 Dickens 和 Lang 的研究之后，更多关于劳动力市场分割的研究可以看作以其实证方法为基础的拓展。

一方面是对各国劳动市场存在分割的验证，例如 Heckman 和 Hotz（1986）对巴拿马劳动力市场，Gindling（1991）对哥斯达黎加劳动力市场，Hiebert（1991）对加拿大三个最大的劳动力市场（在他的研究中涉及了种族、性别和是否为外来移民身份这三大分割因素，三者之中性别的分割作用最为显著，外来移民的身份往往也意味着低收入水平和不稳定的工作），Telles（1993）对巴西劳动力市场（他们的研究结果是对正式部门的直接管制直接造成了劳动力市场产生分割），Thomas 和 Vallee（1996）对喀麦隆劳动力市场，分别进行了实证研究。

一方面，是对不同形式的劳动力市场分割的存在进行的验证。

Reid 和 Rubin（2003）将影响工资收入的结构性因素，按照主要—次要劳动力市场、核心－边缘岗位两个维度，划分了四个种类。按照这四种因素，他们跟踪调查了美国 1974 年开始 26 年的劳动力市场分割的变迁，实证分析了种族、性别等因素对劳动者收入的影响。研究的结果是，"尽管白人男性曾经历过就业和收入上最大幅度的下降，但他们一直比女性和非白色人种在劳动力市场上保持着绝对的优势"。

Bullow 和 Summers 在 Shapiro 和 Stiglits 的怠工模型的基础上，提出了一个二元劳动力市场模型。在该模型中，主要、次要劳动力市场的区别在于劳动能否得到完美监督。根据效率工资模型理论，主要市场中的劳动者因为劳动不能被完美监督，因而获得高于市场出清水平的效率工资以保证其不偷懒；而次要市场中的工人由于劳动能够被完美监督，只能获得边际生产率工资。均衡状态就是，同质劳动力在主要劳动力市场中获得的工资高过在次要劳动力市场中的工资。主要劳动力市场中的企业不接受次要市场中的劳动者，因为他们不想因为雇佣了低工资的劳动者，而鼓励了员工的偷懒。人为设置障碍的结果就是均衡状态下劳动力市场分割的形成。一言以蔽之，工作本身的特征造成了工资水平的差距和劳动力市场的分割。

Arai（1997）认为产品的需求是否稳定与企业中的员工之间是否形成了合作信任关系，是劳动力市场分割之所以存在的两个基本原因。其中第一个原因"产品的需求是否稳定"，在许多学者的研究中都曾给予过关注，Arai在此基础之上进一步认为，员工之间的合作和信任同样可能导致劳动力市场分割。他认为合作能够产生高生产率进而提高企业的收益，较高的企业收益又使企业具备了提供给员工高收入、高工作保障的能力，从而进一步提高企业内部的合作和信任水平。在竞争性均衡中，主要劳动力市场中的企业往往进入的是"提高职业保障—激发员工信任与合作—提高劳动生产率"的良性循环。但次要劳动力市场中的企业为了及时应对产品需求的变动，则必须通过在即期劳动力市场上雇佣工人，来调整劳动力的投入。

在复兴阶段，劳动力市场分割理论产生了第二个突破——引入制度经济学后，内部劳动力市场的效率基础有了强有力的理论支持。

最初多瑞格和皮奥尔（1970）是从技术的专用性、在职培训和习惯法则这三个角度来解释内部劳动力市场的出现。但直到制度经济学被引入，内部劳动力市场为何能够提高劳动力资源配置效率这一谜题才得以完全解开。在制度经济学看来，任何经济制度的建立都是以节约交易成本为目的的（企业这种制度亦是如此）。信息完全时，交易成本为零，则短期合约即可实现资源的有效配置。但现实中根本无法实现完全信息，交易成本也就不可能为零，因此长期合约的优势就更为明显：长期合约意味着重复博弈，这种方式激励了雇佣双方的合作，弱化了双方的机会主义倾向，有助于提高经济运行的效率。可以看出，内部劳动力市场中的就业制度以及其他安排，其本质就是长期合约。

　　对劳动力市场"二元性"和内部劳动力市场的效率基础这两个重大理论问题的突破，标志着劳动力市场分割理论的成熟，也标志着它与主流经济学的融合。

　　在这一理论框架下，Webster（2001）提出由于人力资本这一无形资本的特性，劳动者的工作经验和技能水平在使用的过程中会得到极化，这也正是劳动力市场分割存在的原因；Fan（2002）分析了中国城市中的劳动力市场，发现在人力资本、工作转换、劳动力市场的进入和转移等方面，城市中的永久移民有绝对优势，其次是本地居民，短期移民则处于最末位，城市中新的层级次序证明了在经济转型过程中，分割进一步深化；Constant 和 Massey（2003）比较了移民和德国本地居民在进入劳动力市场之初工作机会和收入水平上的差异；Hudson（2007）的研究发现，20 世纪 70 年代以来，美国劳动力市场的分割程度有了本质上的提升，劳动者在进入劳动力市场的最初阶段，几乎都是从次要劳动力市场开始，然后渐渐离开这个市场去寻找更好的工作，分别进入主要和普通劳动力市场，非标准化工作和公民身份取代了种族和性别成为劳动力市场分割的直接原因；Carrasco 和 Jimeno 等（2008）发现，尽管 20 世纪 90 年代后半段西班牙有大量移民涌入，但对本地劳动者并未产生明显的负面影响。

（四）劳动力市场分割理论的经典模型

　　关于劳动力分割，学者们提出了三个经典的模型，庇奥尔模型、慕尼黑模型和莫克模型。

1. 皮奥尔模型

　　皮奥尔模型源自 Pioro 的理论。最初的文章《二元劳动市场》中，皮奥尔将整个劳动市场分为主要和次要劳动力市场两个部分。其中主要劳动市场中的企业不仅提供较高的工资和很好的工作环境，还定期对员工进行培训，员工能很清晰地看到自己在企业中的晋升机会；而次要劳动市场中一般工资水平不高，并且工作条件差，在员工看来这些不稳定的工作是没有发展前途的；两类劳动力市场之间存在流动壁垒，表现在主要劳动市场中的劳动力不接受次要劳动市场中的就业机会，次要劳动力市场中的劳动力则不能够进入主要劳动市场去就业。到了1975 年，他在《对劳动市场分层理论之注释》一文中，进一步细化了劳动力市场的分层，将二元分割理论发展成为三元分割——主要劳动力市场被细分为上下两层。劳动力市场中的这三个层次具有各自不同的职业特征、家庭特征，从这个角度来看这三个层次又分别对应着社会中的中产阶层、劳动阶层和贫困阶层——如他自己所言，对劳动市场作了"社会的"划分（Piore，1975）。在皮奥尔模型中，劳动力原本所属的阶层将对其在分割的劳动力市场中最终的位置产生很大影响。新劳动力迟早要进入劳动市场，无论其来自低层社会还是高层社会。随着年龄和阅历的增长，到了一定时期，来自中产阶层的劳动力、来自劳动阶层的劳动力与来自贫困阶层的劳动力，分别流向其对应的劳动力市场的上、中、下层。正是由于阶级状况与家庭背景影响的存在，贫困阶层的劳动者究竟可以调整到三个分割的劳动力市场中的哪一个，往往取决于他们最初可以得到的工作的类型。

2. 慕尼黑模型

1974 年，德国的 Lutz 和 Sengenberger 在 Becker "人力资本"理论的基础上，糅合了 Kerr 的"巴尔干化"、皮奥尔的"内部—外部劳动市场"，对劳动力市场进行了划分，按照这种方式，劳动力市场被划分为三类次级市场形式。

（1）一般亚市场：职业要求的条件和资格专业化程度不高，因此基本上所有人都能够胜任其中的工作，但也能够轻易被取代。

（2）行会亚市场：由从事相同行业工作的工人构成，其成员在不同企业之间的转职相当容易。当市场上形成对特定专业技能的强大需求时，劳动者便愿意对这项专业技能进行人力资本投资，因为能够获取相当的投资收益。

（3）特定企业亚市场：在这一劳动力市场中，职位对专业技能的要求十分苛刻，某些企业对专业技能有特定的要求，甚至于在有些企业中适用的某一项专业技能在其他企业中根本无用武之地。当这些企业对具备此类专业技能的劳动者存在较大需求时，特定企业亚市场自然就应运而生。并且，由于对此类员工的替换将会给企业带来损失，雇主往往倾向于延续雇佣合同，并有动力对雇员进行相关的人力资本投资。

在慕尼黑学派看来，形成亚市场的决定性因素是进入其中的资格限制条件。因而，劳动力的流动如果出现在亚市场内部，是自由的和被鼓励的；而劳动力如果想要进入不同的亚市场，则会遭遇壁垒的阻碍。

3. 莫克模型

在皮奥尔模型对劳动市场中二元和三元分析的基础之上，1975 年莫克综合考虑了劳动力市场中的经济、组织及文化特征，从两个维度，将劳动力市场分为了四个部门。这两个维度将整个劳动市场分为四大块，即 PI、PE、SI、SE（见表 6-1）。

表 6-1　劳动力市场四分模型

第一类部门 内部市场（PI）	第一类部门 外部市场（SE）
第二类部门 内部市场（SI）	第二类部门 外部市场（PE）

每一市场部门所对应的职业及劳动力特征如下：

（1）第一类部门内部市场（PI）：要求技能专业化，提供较长在职培训，有优越工作条件和职业保障，工作自主性高、承担一定责任，报酬丰厚、有晋升机会。

（2）第一类部门外部市场（PE）：对技能专业化程度要求不太高，无需太多在职培训，有限的晋升机会，工作自主性较高，报酬相对较高。

（3）第二类部门内部市场（SI）：要求一定程度技能专业化，有少许在职培训，有晋升机会，但工作自主性、职业稳定性和工作条件都较差，物质报酬也相对较低。

（4）第二类部门外部市场（SE）：对技能没有专业要求，无在职培训，工作条件差且职业不稳定，工作几乎没有自主性，工资收入也很低。在这类市场中工作的，多是外籍工人或临时工人。

在莫克（1976，1979）看来，劳动市场也并非只包括以上四块，而且彼此之间的屏障并非界限分明，而是具有可渗透性，甚至每一个市场又可做多重分割。

（五）我国的劳动力市场分割研究

对劳动力市场分割的研究最初是针对美国劳动力市场进行的，这一研究背景与我国的劳动力市场情况有很大差异。与美、英等经济发达、市场成熟的国家不同的是，中国虽然人口众多，劳动力的基数很大，有量的优势；但从"质"的方面来看，劳动力素质参差不齐。并且，经济体制的转型也对劳动力市场产生了重要影响，因而我国的劳动力市场受到双重影响，其分割自有特殊之处。针对我国复杂的劳动力市场分割的局面,学者们也做了很多实证检验,例如郭丛斌(2004)利用 2000 年全国城镇住户调查数据,验证了分割的存在。在我国,对于劳动力市场分割的研究,除了实证说明分割的存在之外,研究主要是从下三个方向来进行的:一、分析我国劳动力市场分割产生的原因;二、劳动力市场分割产生的影响;三、市场化程度的提升能否降低劳动力市场分割的程度。

1. 中国劳动力市场分割的成因

在我国,在经济和制度因素的共同作用下,劳动力市场被多重分割,因而并非一个统一的整体,这一点是学者们的共识,在解答"究竟是什么原因造成了我国劳动力市场分割"这一问题时,学者们围绕着制度这一重要因素给出了不尽相同的答案。

赖德胜(1996)认为,尚处于转型阶段的劳动力市场,其分割的基本特征是由传统的城乡劳动力市场分割转变为体制内外劳动力市场的分割,这也是经济体制改革之后制度环境改变所引发的根本性变化(1998)。分析了城市劳动力市场的二元分割,他认为中间存有壁垒的两个劳动力市场分别对应着典型国有企业和新生部门。与蔡昉相同,柏培文(2016)也以改革开放作为一个分界线,他认为在此之前,劳动力市场分割主要体现在由户籍造成的城乡分割之上,拥有城乡不同户籍的劳动者,在工资收入和社会福利方面,差异巨大;但在改革开放之后,户籍的影响式微,因而城乡劳动力市场分割亦有所减弱。然而,城市劳动力市场中所有制、体制、行业以及户籍等因素交织在一起,造成了更为复杂的劳动力市场分割的局面。郭丛斌(2004)则对劳动力市场内部的分割与职业差异的程度做了研究,他认为,以改革开放为节点,随着经济体制由计划向市场的转变,分割和差异是日渐明显的,随之而来的社会分层状况也更加显著。经济发展水平不同的地区,劳动力市场的分割程度也各异,这或许因为经济发展水平在一定程度上反映了市场的竞争性。李怡乐(2012)从政治经济学角度对我国劳动力市场分割进行了解读,她认为我国分割的劳动力供需关系正是在国家行政力量与市场力量的交错作用下,在我国特定的社会经济因素参与到全球化生产之中并与之互动的过程中形成的。林峰(2016)则认为,我国劳动力没能实现在行政垄断和竞争两种类型行业间自由转移,是因为在当前的博弈中政府从垄断性行业中获得的收益远远高于其在竞争性行业所得——正是行政垄断造成了劳动力市场行业分割。

王天夫、崔晓雄（2010）发现行业通过直接影响不同行业的平均收入和结构性地调整不同行业中个人特征（包括性别、年龄、教育等）的收入回报率两个路径来影响收入分配，进而影响劳动力市场分割。

吴愈晓（2011）的研究显示高等教育文凭是中国劳动力市场分割的边界，学历高低不同的劳动者，其经济地位获得路径不同：对低学历劳动者而言，"人往高处走"，职业流动往往会带来收入水平的提升，但人力资本存量（受教育年限和工作经验）对收入的影响不大。对高学历劳动者来说，影响收入的最重要的因素是人力资本，职业的频繁流动反而对收入提升没有很大的裨益。

郭丛斌、丁小浩（2004）的实证研究将职业的代际传承作为目标，他们发现，职业的代际传承，才是造成劳动力市场分割的重要推手。他们通过对不同教育层次劳动者的分析发现，高等教育在跨越代际效应这方面作用巨大——相对于那些没有接受高等教育的劳动者而言，接受过高等教育的劳动者最终从事的职业与父母职业的关联较小，流向其他职业的可能性更大，进入主要劳动力市场的可能性也更大。

苏永照（2011）认为，我国劳动力市场分割存在一个自增强循环系统：分割加速了劳动密集型产业的发展，而这一类型产业的快速发展引起了人力资本收益的减小和投资不足，并进一步加剧劳动力市场分割。

乔明睿、钱雪亚、姚先国（2009）认为户籍对劳动力市场分割的影响巨大且深远，首先户籍很大程度上限制了农村劳动力进入主要劳动力市场；其次，拥有城镇户籍的劳动者无论在从事职业还是在工作单位、工作岗位的选择上都具有明显优势——不仅主要劳动力市场上的就业机会几乎被他们完全垄断，而且即使同处于次要劳动力市场，他们也比农村户籍劳动者的地位更优越。章莉、李实（2016）也认为户籍是造成劳动力市场分割的重要原因，农村户籍不仅将农民工拒之于"高水平城镇社会保障"门外，而且促使他们大量涌入城市低端劳动力市场。姚先国、叶环宝、钱雪亚等（2016）通过调查发现，尽管居住证制度的实施，淡化了农业非农业户口之间的性质区分，意在从制度方面消除劳动力市场城乡分割的基础，但前置于户口之上的城乡之间人力资本投资差异仍旧造成了在某些的竞争中农村劳动者的相对机会低于城镇劳动者。

范雷（2012）认为在快速的人口城市化进程中，原有导致劳动力市场分割的体制性因素，其影响力正在由直接影响转变为间接影响，即在劳动力市场外发挥作用。

2. 劳动力市场分割的影响

市场之所以能够对资源进行高效配置，正是因其竞争机制的作用。劳动力市场分割的存在，削弱了竞争机制的作用，降低了其对劳动力的配置效率，也加剧了劳动者收入差距，不利于经济的健康发展。持这一观点的包括陈钊、陆铭、柏培文等。陈钊、陆铭、佐藤宏（2009）认为，劳动力市场的进入障碍和产品市场的行业垄断共同造成了行业间的收入差距：产品市场上的行业垄断其目的在于获取超额利润，而借助劳动力市场分割，则使得特定行业的超额利润可以转化为个人的垄断收入。柏培文（2016）也认为在要素市场中，劳动力市场的发展相对滞后，劳动力的有效流动被主、次要劳动力市场间的壁垒阻碍，扭曲了劳动力配置，不利于经济的健康发展。赖德胜（1997，1998）的研究结果显示，教育收益率的提升障碍，主要来自劳动力市场的制度分割和户籍制度。除此之外，劳动力市场分割也严重影响了劳动者个人的保留工资——以户籍制度为分割指标的估算结果表明，城镇户口求职者的保留工资显著高于农村户口求职者的保留工资（田永坡，2010）。

受劳动力市场分割影响最大的两个群体——大学毕业生和农民工，得到了学者们的普遍关注。

赖德胜（2001）发现占全国劳动力很小比例的大学毕业生找工作越来越难，他把这种看似矛盾的现象归因于劳动力市场分割制度背景下大学毕业生与用人单位相互搜寻的结果。他认为劳动力市场分割的存在是导致巨大城乡收入差距和过高工作转换成本的直接原因，而这两个因素也正是大学毕业生留在城市寻找工作与城市用人单位无法接收更多大学毕业生的最主要原因。

高原、丁世青（2012）认为劳动力市场分割的存在，使得很多大学生在次要劳动力市场上"自愿性失业"，这一摩擦性失业的出现降低了劳动力市场运行的效率，阻碍了劳动力的合理配置。张岳伦（2009）也认为大学生选择性失业很大程度上是因为劳动力市场存在地域、就业单位性质、职业等级、政策制度等方面的分割。马东利（2011）把主要、次要劳动力市场过大的收入差距和严格的户籍档案制度作为阻碍了大学毕业生在主要、次要劳动力市场之间的自由流动的重要因素。龚玉霞、李彦启（2011）认为正是由于劳动力市场分割的存在，才会出现在大城市、发达地区、规模大的外资企业、大型国有企业、政府部门、金融部门等主要劳动力市场中供过于求，人才高消费甚至人才浪费，与偏远地区次要劳动力市场中大学生供不应求、选择性失业共存的现象。聂颖（2010）则认为公共资源分配体系的差异、市场中部门的分割以及行业收益的差距共同造成大学生就业的局限。

姚先国、乔明睿、来君（2009）通过对杭州市农民工永久性迁移意愿的调查发现，劳动力市场的分割，使得劳动者无法形成稳定的制度预期，因而主要采取"候鸟式"的流动就业模式，在工作中也少有提升自身劳动技能水平、加强人力资本积累的意愿；面对"高度流动性"就业人群的企业，自然也缺乏调整或升级产业结构的动力和可能。两者合力，造成了劳动密集型企业的过度发展与过度竞争，其导致的直接结果就是劳动力市场中一方面存在着强烈的劳动力需求，另一方面工资水平的提升空间相当有限，两者之间存在着不可调和的矛盾，并且这一矛盾有日益尖锐的趋势。李骏、顾燕峰（2011）的研究将外来与本地工人在就业机会和收入水平方面的不平等，归因于户口类别（城镇或农村）和户口所在地（本地或外地）的共同作用。张春泥（2011）也认为农民工工作的高度不稳定性主要是由户籍歧视导致的。张永丽、杨志权（2008）经研究发现，劳动力市场分割不仅严重限制了农村外出劳动力的职业选择及其在职业间的流动，还对流动劳动者的流动方式，以及就业稳定性产生影响，也因此影响了流动劳动者的收入水平和他们对将来的发展预期。鉴于此，流动劳动者的现状并不容乐观，因为他们无法与城市职工享受同等的工资，在没有对教育、社会保障等社会福利的同等权利，这种情况也同样出现在东部沿海地区，尽管当地的非公有制经济发展蓬勃。陈宪、黄健柏（2009）通过实证研究也发现，在控制其他条件的前提下，农民工的就业呈现出与劳动力市场城乡分割及行业分割之间负相关的关系。

3. 市场化程度的影响

关于市场化程度以及经济发展水平对劳动力市场分割的影响究竟是增强还是削弱，学者们的意见并不统一。

有些学者认为市场化程度的提高加剧了劳动力市场的分割。例如，边燕杰、张展新（2002）发现，伴随着劳动力市场化程度的提高，人力资本和政治资本的回报也得到了提升；刘精明（2006）也提出，市场化程度的加深，使得教育收益率在国家规制力量作用大的部门与市场化程度更高的部门之间存在差异，教育收益率在前者中的增幅大于后者；张义博、付明卫（2011）的研究，进一步证实了，市场化水平的提升不仅加深了人力资本对收入的影响，还令公共和国有部门收入更高，因为这些部门拥有更多的政治资本。

另一些学者则认为，经济发展水平以及市场化程度的提高，会削减劳动力市场分割的影响。例如，郭丛斌（2004）认为随着市场竞争性的提高及其带来的地区经济发展水平的提高，劳动力市场分割程度会逐渐减弱。范雷（2012）则认为提高人口快速城镇化的质量在消除由体制性因素造成的，以区域城市化水平为基础的劳动力市场纵向分割方面，是有效的。

可以看出，在现有劳动力市场分割相关文献中，研究重点在于：（1）证实劳动力市场分割的存在现状；（2）寻找劳动力市场分割的形成机制；（3）探究劳动力市场分割造成的经济影响。在针对第三个重点的研究中，学者们广为关注的是分割造成的效率的损失，以及由此带来的不公平，而以劳动力市场分割作为既定前提，研究其对教育投资的影响则不多见。

三、劳动力市场分割与高等教育

对于劳动力市场分割究竟与高等教育之间存在怎样的关系这一问题，学者们的回答基本统一，即劳动力市场分割与接受高等教育是相互影响，互为因果的。

在我国高校毕业生就业难，"毕业即失业"状况频现的背景下，以往的研究中，大部分学者将重点放在劳动力市场分割由哪些因素造成，进而对高校毕业生的就业情况产生的影响，尤其是负面影响之上。

（一）劳动力市场分割造成了过度教育

姚白羽（2008）用数据验证了全社会受教育程度普遍提高与好工作难找两种现象并存并相互影响，论证了劳动力市场分割是过度教育，即高学历者就业难的根本原因的基本观点。李瑞青（2008）也认为由于教育需求和劳动力需求的相互影响，劳动力市场分割给高等教育发展带来了诸如教育相对过剩、高学历人才两极分化、高等职业教育专业结构失衡等问题。赵修渝、陈杰（2005）则认为我国广泛存在的高校毕业生就业难，高材低就以及为了就业盲目攀升教育层次等现象，并不意味着人才的"过剩"和教育的"超前"，而是一种教育总体严重不足前提下的相对过剩。文章认为制度等因素造成的劳动力市场分割，提高了流动成本，限制了就业选择，从而使我国出现了沿海大中城市教育过剩而广大农村地区和西部地区教育绝对不足的相对过剩现象。李锋亮、陈鑫磊（2013）将劳动力市场分割以风险的形式纳入研究，建立了教育投资实物期权定价模型。通过实证研究，发现城乡、性别、地区三种劳动力市场分割对教育投资的风险价值影响排序为城乡＜性别＜地区，三种劳动力市场分割对初中－大学的实物期权价值影响排序为城乡＞性别＞地区，两者的排序正好反向：恰好证明中国劳动力市场存在多重分割。由此提出提高弱势群体的教育机会，有助于提高教育公平，也符合效率原则。范皑皑、丁小浩（2013）分析了当前高等教育毕业生面临的就业环境，认为文凭社会与劳动力市场分割是其面临的最大问题，高等教育毕业生在主要劳动力市场的激烈竞争是导致国有企业员工过度教育的重要原因。而高等教育毕业生之所以都选择在主要劳动力市场竞争工作岗位的原因在于，身处不同市场的员工得到的教育补偿差别较大：主要劳动力市场的员工即使发生过度教育，也能通过收入和其他福利获得补偿，而次要劳动力市场的员工文凭贬值现象比较严重。

（二）劳动力市场分割与失业

钱智勇、柏禄逊（2009）认为：由于主要劳动力市场支付的是高于均衡工资的效率工资，市场不能达到出清的状态，必然存在失业；为了获取高效率的劳动者，主要劳动力市场的雇主必须对雇员进行严格的筛选；教育作为最重要的筛选条件，在其中起着信号作用。

（三）教育对劳动力市场分割的反作用

郭丛斌（2008）认为教育具有改善代际流动的劳动力市场分割程度的功能，是弱势社会群体的子女提升其经济和社会地位的重要工具。其中，高等教育在促进代际流动方面的功能最强。教育改善代际流动这一功能的实现，不仅有赖于经济发展水平的提高，更要依靠教育本身的发展以及高等教育机会的公平分布。

（四）劳动力市场分割对高等教育决策的影响

在劳动力市场分割框架之下对高等教育决策的研究，主要从两个视角来进行：一部分从个人角度出发，延续了"理性经济人"的假设，学者们提出学生在接受教育成本一定的前提下，基于比较进入主要、次要劳动力市场的收益与可能性，做出理性决策（赵卫锋，2008；刘文晓，2015）；另一部分从家庭的角度出发，认为中国家庭通常把教育水平的提高看作突破劳动力市场二元结构壁垒的重要途径，因而对子女的高等教育投资热情极高（赵卫锋，2008）。

在劳动力市场分割背景下的家庭高等教育决策的研究文献，相对来说比较少。事实上，在我国，是否接受高等教育，通常是一个家庭的共同决策。在决策过程中，家长往往居于主导地位。而在家长的众多考虑中，学生毕业后能否进入主要劳动力市场，获得一份"体面"的工作，是非常重要的考虑因素。另外，尽管家庭决策者的决策水平可能参差不齐，但他们都会在现有条件下保持理性决策。本书的研究正是基于以上现实，试图通过社会资本的引入，研究劳动力市场分割如何影响了高等教育的预期收益进而影响家庭高等教育决策。

四、社会资本理论

在本书的研究中，劳动力市场分割是通过家庭所掌握的社会资本的多寡对高等教育决策产生影响的。因此，在此需要对社会资本理论做出简单介绍。

首次正式界定社会资本的是法国社会学家布迪厄（Bourdieu），他提出社会资本是实际的或潜在的资源的集合体，这些资源同对大家共同熟悉或认可的制度化关系的持久网络的占有联系在一起，是一种体制化的关系网络（1985）。随后，Coleman（1988）将社会资本定义为"个人拥有的社会结构资源"，并将其表现形式分为五种，分别为义务与期望、信息网络、规范与有效惩罚、权威关系、多功能社会组织和有意创建的社会组织。在他看来，社会资本是不可转让的，并且对于收益者而言具有公共物品的性质。Putnam（1993）在研究意大利南北政府绩效时也引入了社会资本，他给社会资本的定义是"能够通过协调的行动来提高经济效率的社会网络、信任和社会规范"。Putnam（1996）认为，西方发达国家和以种族社群为基础的东亚国家一样，社会资本在其中增强了信任，降低了交易的成本，提高了效率和灵活性，进而推动了经济的发展。

在此基础之上，众多社会科学家分别从不同的视角解释了社会资本，并用它来研究一系列社会问题和经济发展问题（Pauls、Adler、Seok-WooKwon，2001）。例如，Burt（1992）、Fukuyama（1995）、Lin（2001）等。我国的学者，例如张广利、桂勇（2003）比较了中西方社会资本的差异——在中国，家庭成员共享家庭的经济和社会资源，由亲到疏，从血缘关系往外推广为地缘、学缘等关系构成了一个差序的人际关系网，因而，在中国，社会关系可以是"私有的"和"可转让的"。无独有偶，Riddle、Mark David（2005）也认为社会资本会在家庭内部传递，家长是通过文化资本的形式对孩子产生影响，并将社会资本传递给下一代的。

在社会资本理论中，按照所属层面的不同，社会资本可以分为家庭社会资本和社区社会资本，家庭社会资本指的是由血缘、亲缘、地缘和业缘等组成的社会关系网，即亲戚、朋友、老乡、同事或邻居等各种社会关系；后者将制度、信任和规范等作为维系社会网络的重要工具。在本书的研究中，关注的是家庭所掌握的社会资本对子女高等教育决策的影响，因而只涉及家庭层面的社会资本。

综上所述，国内外学者对劳动力市场分割的研究，多集中于实证研究，以及产生原因和造成后果的分析。而在本书的研究中，将劳动力市场分割作为家庭高等教育决策的背景，重在考虑分割的市场前影响。本书的分析沿袭了高等教育决策理论的理性"经济人"分析方法，但把家庭作为决策的基本单位，即从家庭的角度来进行成本－收益分析，以此作为高等教育决策的重要依据。虽然大部分学者提出"教育是最大的公平"，但在本书的研究中发现，由于预期回报率的不同，不同收入水平的家庭，往往会做出不同的决策——教育机会因此并不公平。

第二节　家庭高等教育决策的主要影响因素

人力资本理论认为，教育是人力资本投资的最重要的形式之一。从经济的角度看，教育可以提高劳动力的生产率，进而提高其收入；从社会的角度看，教育是改变社会阶层、促进社会公平的重要工具。因而，教育，尤其是高等教育无论对接受者本人还是对其家庭都具有十分重要的意义。对家庭来说，高等教育决策受到诸多因素的影响。而在劳动力市场分割的前提下，这些影响因素的作用有可能被放大。因此，在本章中，将首先对影响家庭高等教育决策的家庭收入、成本－收益分析等因素进行详尽的分析，接下来分析劳动力市场分割如何将这些影响放大。

一、家庭高等教育决策的影响因素

（一）家庭收入对家庭高等教育投资的影响

家庭经济条件对家庭的教育投资影响深远，通常的情况是，家庭高等教育投资的支出与家庭收入水平呈正相关的关系，因为家庭收入水平直接决定了家庭的支付能力，也即对子女教育投资的承受能力，只要能负担得起高等教育所需支出，绝大部分家长愿意对子女的教育进行投资。最具代表性的是舒尔茨的观点，他认为，对于收入较低的家庭而言，由于面临银行或是个人的借贷约束，高等教育的投资风险巨大，出于对风险的厌恶，即使高等教育投资有可能带来高的投资回报率，家长其子女的教育投资热情依旧不高。有研究表明（钟宇平，陆根书，2003），收入越低的家庭对高等教育的学费越敏感，而且学费越高，不同受教育程度的父母之间、不同收入水平的家庭之间、城乡家庭之间，对投资于高等教育的态度分歧就越大。在相同条件下，城镇居民的投资意愿显著高出农村居民。当学费高于6000元，不同收入水平的家庭对于高等教育的付费意愿的差距开始不断拉大。不仅如此，不同收入水平的家庭在选择学校和专业时考虑的因素也存在相当大的差异。一般情况下，低收入家庭考虑更多的是，如学费高低、获得补助或奖励的可能性及数量、生活费用的高低等与高等教育成本有紧密联系的因素。而高收入家庭则会将学校的学术地位、子女理想的专业，以及毕业后继续深造的机会等因素作为首要考虑。

家庭的经济条件不仅影响家长对子女高等教育投资的意愿，还影响到子女的成绩，以及高等教育是否能完成，能否带来预期收益。研究证明，家庭收入的增长对子女各个教育阶段的成绩均发挥了重要的促进作用——家庭收入的增长带来了家庭更高的教育支出，子女更低的辍学率、降级率，进而更有可能获取高等教育的预期收益。换言之，家庭收入的高低除了决定家庭对高等教育的支付能力之外，从某种角度来看，还决定了高等教育投资风险的大小。

然而，除了经济性的原因之外，心理因素也可能促使家庭做出与收入水平不相符的决策——在他人的影响下，在"鸡窝里飞出金凤凰"的满足感这种心理的作用下，以及由于决策者对高等教育投资风险的认识不足，有不少低收入家庭，做出超出家庭支付能力的选择，举全家之力（通过向亲戚借债）投资于子女的高等教育。

此外，不同地域的家庭对待高等教育投资决策的态度也存在很大差异，例如在西部的一些农业区，家庭收入水平对高等教育投资的制约作用更加明显，这可能与区域性家庭收入差异以及对待教育投资的地方习俗有着密不可分的关系。

（二）成本与收益对家庭高等教育投资的影响

接受教育是一件一体两面的事情，教育支出兼具消费和投资双重属性。因而，接受教育的支出既可视为消费。这就是说，接受教育的人在消费过程中，提升了自身的效用。效用的提升可能来自舒适的环境、丰富的课余生活、志趣相投的朋友、对高雅艺术的欣赏能力等方面；也可视为人力资本投资，即高等教育的支出，其目的在于未来的回报和收益——提升人力资本存量，从而提高工资收入，提高晋升的可能性。

1963 年，教育成本的概念首先在舒尔茨的专著中被引入。舒尔茨对教育成本进行了划分，他把教育成本分为教育服务成本与间接成本两个部分。除此之外接受高等教育还需要付出一定的心理成本。其中，直接成本是指在教育过程中的直接花费（例如学生所交纳的学费等等），间接成本是指进入劳动年龄的学生由于上学未能就业而损失的机会成本，心理成本则是指接受教育的学生有可能遭遇的较强的学习压力等（这部分成本是无法通过货币直接计算的）。

家庭对子女高等教育的投资动力，与其他投资一样，取决于预期收益与投资成本的关系。一般来说，只有预期收益至少足以补偿投资成本，投资才是划算的。家庭对子女的高等教育投资，亦是如此。高等教育投资所带最直接的收益即是个人工资水平的提升（个人工资水平的提升指的是接受高等教育所得工资收入高出只接受高中教育所得工资收入的部分）。进行高等教育投资收益分析的理论方法主要有以下两种：（1）净现值法，以接受高等教育的净现值是否大于 0 作为衡量此项教育投资是否值得进行的标准；（2）内部收益率法，首先通过公式计算出教育投资的内部收益率 r，该数值越大，则该项教育投资越划算。

对家庭而言，接受高等教育的成本基本是固定的（直接成本和间接成本均可以根据现行的大学收费水平和高中毕业生基本工资水平做出较为准确的预估），因此决定是否投资于子女的高等教育，主要取决于该项投资带来的收益。高等教育带来的收益包括可用货币计量的经济收益与不能用货币计量的社会收益。教育的经济收益，是劳动者由于接受一定的教育，不断挖掘蕴藏于劳动者自身的生产能力，从而获得更多的知识与劳动技能，最终体现为其在工作中获取的工资、津贴等收入的增量。另外，从人力资本投资的角度来看，劳动者个人接受的教育水平越高，其自身所储存的人力资本存量就越高，如此一来，他就更容易进入高收入行业，保持较高的收入水平以及较强的职业和收入保障。不仅如此，由于教育投资的收益具有长期性的特点，随着时间的推移，劳动者之间由于接受教育程度的不同而带来收入的绝对差距会进一步加大——受教育程度较高的劳动者不仅收入起点高，而且增长速度快，教育收益率较高；而受教育程度低的劳动者的就业情况会逐渐恶化，致使其教育收益率长期维持在较低的水平上。

知识自身是具有延续性的，因而，事实上，无论是分析解决问题的能力还是再学习的能力，都会随着劳动者实践经验的累积和丰富而不断提高，成为劳动者获取新知识的更高起点。这些因素除了带给劳动者经济收益之外，还会为其带来无尽的难以用货币来计量的社会性收益，例如政治收益——体现在向上的阶层流动与社会地位的提升、工作环境的改善、更多的晋升机会以及区域流动；精神收益——体现在选择配偶的便利、更幸福的婚姻、真诚的友谊、能够互助的社交圈；家庭生活的收益——突出体现在接受更多教育的劳动者有更良好的卫生习惯、更健康的生活方式、较少的不良嗜好，以及更高的闲暇质量，而这些因素都是可以代际传递的；以及经济理性的提高——体现为更理性的消费行为、更有效的费用支出，以及更合理的家庭财富配置方式。

高等教育作为促进个人和社会发展的手段，它的投资和收益都是长期的。因而，在获取收益的过程中，会有很多因素对其产生重大影响。

首先，不同地区的工资收入水平存在巨大差异。

在我国，工资水平的地区差异巨大：经济发达的北上广深等大城市，以及经济较发达的东部地区的工资水平，与经济欠发达的中西部地区的工资水平存在很大的差距，因而从高等教育的边际收益来看，经济较发达的东部地区也高于欠发达的中西部地区。虽然做出高等教育决策的家庭可能处于经济欠发达地区，但他们对高等教育的预期收益往往是以北上广深以及东部经济较发达地区的收入水平为参照的，这就有可能使得对教育投资收益的预期过高，进而对家庭投资于高等教育形成激励。而地区间工资收入水平的差异，也使得劳动者在完成高等教育择业之时，为了更高的收入（或收益），求职首选之地往往会确定为北上广深及东部地区。

其次，毕业之后的就业率影响了高等教育收益的实现。

我国的高等教育经历了一段"大跃进式"的发展之后，每年高校毕业生的数量在加速增长。从教育部公布的数字来看，自 1999 至 2007 年的 8 年间，全国普通高校毕业生每年都在增长，并且呈加速增长的态势。2007 年、2008 年的增量更是达到 80 万左右，2016 年高校毕业生达到了 760.57 万，占当年新增劳动力的一半以上（2016 年新增劳动力大约为 1500 万人）。由此可见，高校毕业生的就业压力日益严重。根据麦可思的数据，2010—2015 届本科应届毕业生获得全职工作机会的比例从 82.6% 下降为 74.2%。在如此严重的就业压力之下，完成高等教育之后，劳动者能否获得高等教育带来的收益，能获取多大比例的收益，都是未知数。

（三）投资风险与家庭高等教育投资决策

　　家庭高等教育投资是作为投资的一种必然具备一切投资的共性——投资的不确定性及其带来的投资风险。家庭高等教育投资的决策者在进行投资决策时是无法做到事无巨细地充分了解和估计的，他们对投资中可能出现的情况也不可能做到一一准确预知，因而高等教育投资预期收益的实现不能得到确保，这项投资不可避免地会存在一定风险。另外，作为与收益联系最紧密的教育层次，高等教育与其他投资方式相比，所面临的风险有一定的特殊性：首先，高等教育投资，尤其是学校高等教育投资，必须以完成上一级教育活动为基础才能进行更高一级的教育投资。一般而言，这是不可逆转和跨越的直线型的单一投资形式，这一特点决定了高等教育投资方式是不可离散化的（例如，不能在接受本科教育的同时接受硕士或博士教育），因而家庭注定不可能通过分散投资来降低高等教育投资的风险；其次，由于信息不对称，接受高等教育者的个人能力、学习努力程度难以得到准确度量，在接受高等教育过程中也可能因受到各种诱惑而违背其接受高等教育的初衷，做出转专业、退学等举动，是以高等教育的收益难以得到保证；再次，人力资本依附于劳动者，无法对其进行出售或转让，因而一旦劳动者无法实现就业，其所具有的人力资本就得不到有效利用，更无法因此获取收益，另外，人力资本的价值还可能随着科技的进步而迅速降低；最后，高等教育投资所形成的人力资本，其包含的内容是特定且不可逆的，一旦几年的高等教育所形成的人力资本无法在劳动力市场兑现收益，投资失败的全部损失将由劳动者个人承担。

　　从家庭高等教育投资决策到投资收益的获得，家庭面对的高等教育投资风险可能源自以下三个方面。

　　首先，决策者的投资决策存在非理性的风险。

　　对于家庭高等教育投资决策者而言，必须掌握至少两方面的信息。一方面，要对高等教育机构的等级及其所能够提供的高等教育的水平和质量有所了解。另一方面，还要对子女的性格特征、兴趣爱好、适合专业等有清楚的认识。身处信息化社会，高等教育机构几无例外都会通过设置网站宣传自己，高等教育的招生、录取也基本完全实现网上操作、透明化。尽管如此，决策者所掌握的有关高等教育机构的信息仍旧是不完全的。原因就在于，对高等教育机构而言，只要是宣传，都存在言过其实的可能，而决策者作为局外人，由于信息不对称，不可能对每一个高等教育机构在业界的地位、成就、优势都达到完全了解的程度。另一方面，由于不具备职业生涯规划的相关知识，大部分高等教育投资决策者通常很难对子女的性格特征、兴趣爱好及特长做出科学的审视和客观的评价，在专业选择上往往是以热门专业或职业为目标，这就有可能带来劳动者本身的特质与其所学专业不匹配的风险。另外，家庭高等教育的决策者本身的决策能力是参差不齐的，受制于家庭所处的阶层、自身的学识、修养、眼界以及知识水平，不是所有的决策者都有能力分析处理相关信息，并能在决策程中保持理性与高效，因而，存在决策者盲目跟风、随意决策的风险。

其次，学生在接受教育过程中可能受到的各种冲击。

在接受高等教育的过程中，未来的劳动者也会受到各种诱惑甚至冲击。特别是在我国，在繁重的高中学习之后进入相对轻松的大学学习阶段，面对丰富的大学生活和校园内外的诸多诱惑，再加上缺少了高中时期父母严格的管束，不少学生放松了对自己的要求。成功进入大学但由于各种原因中途辍学、退学以至于没能完成学业的情况时有发生。由于高等教育投资收益的非线性，没能完成学业的劳动者与顺利完成学业的劳动者之间存在着较大的收入差异。另外，由于高等教育的收益期与决策期存在着较长的时间间隔，高等教育接受者并不能确定他们已经开始投资的高等教育专业能否适应未来劳动力市场的需求。选择不同专业的学生之间存在较大的收入差距，如果发现专业选择不当，需要做出调整，其成本往往是高昂的，甚至如海市蜃楼一般无法实现。

最后，高等教育投资的事后风险。

高等教育投资的事后风险，指的是个人顺利完成了高等教育投资，但市场对劳动力的需求发生了变动，也就是劳动力市场的不确定性带来的风险。首先，为了方便甄别，劳动力市场中通常把劳动者毕业学校的层次作为信号，这直接导致毕业生的就业率以及工资收入受学校的影响比较显著，通常学校层次越高，就业率越高，工资收入越高，风险相对较小。其次，高等教育是一个漫长的过程，在劳动者完成高等教育的过程中，由于产品的更新换代、产业结构的调整、科技的进步甚至飞跃，劳动力市场中可能发生巨大变化，劳动力需求可能发生结构性变化。例如，计算机的普及使得打字员这一职业消失，而网络游戏的盛行催生了游戏体验师这一职业的诞生。相应地，对劳动力在知识、能力、素养方面提出新的匹配条件和要求，而这些变化可能是决策者做出高等教育投资决策时始料未及的。其三，在我国，通过学校教育所获得的知识和技能，有很大可能与劳动力市场中的要求是脱节的。随着当前就业压力的增大，要顺利完成从在校学生到在岗职员的转换，劳动者需要得到一定的引导，并经过一段时间的适应。而且，能否迅速顺利转换"角色"，将对教育收益的获取产生很大影响。

（四）其他因素对高等教育决策的影响

家庭高等教育决策不单单受到以上三种因素的影响，其他因素，例如家庭规模、家庭成员构成，在家庭收入一定的情况下，子女越少则家庭的投资倾向越强，而在子女较多的家庭，尤其是农村家庭中，通常在高等教育投资决策方面会存在一定的性别歧视，更倾向于对男孩进行教育投资；父母受教育程度（尤其是母亲的受教育程度）通常会对高等教育投资倾向起到正向的作用，即父母受教育程度越高越愿意为子女教育进行投资，而相对于父亲而言，母亲愿意为子女教育进行更高的投资；家庭教育投资的决策者对待高等教育的态度无疑也会影响决策，持有诸如"宿命论""读书无用论""女子无才便是德"等观念的家长，显然乐意为子女进行高等教育投资的可能性较低。此外，由于"羊群效应"的作用，周围人做法也会对家庭高等教育投资决策产生影响；出于降低风险的考虑，子女的智力水平、学习状况（包括其所在学校的教学质量）、健康水平，也是教育投资决策时不可忽略的因素；另外，国家的教育政策、家庭的融资能力也都可能影响到家庭的高等教育投资决策。

二、教育回报率的影响

当家庭收入足以负担子女接受高等教育时，个体达到一定的教育水平，在决定是否继续接受更高层次教育时，接受高一级教育的投资收益率，即教育回报率——多接受一年教育所带来的收入增加，是微观层面影响家庭和个人高等教育决策的至关重要的因素。在完全竞争的前提下，不同地区、不同部门之间是不存在工资差异的，不同的家庭背景也不会对工作机会、工资收入产生影响，因而，只要人力资本存量相当，教育收益率也相差不大。然而，现实的情况是，劳动者工作机会的好坏很大程度上取决于其家庭背景，工资水平的高低也随其所处的地区、所在的部门的不同而有所不同，因而同样程度的教育水平，有很大可能在不同劳动者身上表现为迥异的教育回报率。

（一）就业体制

从宏观角度来看，劳动力市场经济体制改革推进的步伐，对教育回报率产生的影响巨大。计划经济时代，收入的决定多依赖对劳动者政治资本的奖励，而市场经济则偏重于奖励人力资本。在计划经济时代，工作由国家分配，劳动者大多数在国有企业、集体企业这些工资差异不大的单位工作，其他类型企业（合资企业、民营企业等）的发育也不完善，因而其工资差异没能得到完全体现。随着经济体制改革的逐步推进，合资企业、民营企业得到发展和壮大，政府的控制逐渐弱化，经济活动逐渐通过市场机制调节，劳动力市场当中的工资决定机制越来越市场化、越来越完善，不只其他类型企业，国有企业、集体企业中劳动者的工资水平差距也在不断拉大。市场转型不仅是制度的变迁，也是一个经济增长的过程。当中国经济由农业占主导向工业和服务业占主导过渡的过程中，结构的变化和经济的发展，催生了一批非农职业。这些职业对劳动者提出了较高的要求，因此就业机会是为那些接受过高水平教育的人准备的，教育回报率的提升水到渠成。不仅如此，随着经济的发展、科技水平的突飞猛进，以及产业结构的升级，教育对生产力的促进作用会越来越明显，因而由其引致的收入差异会越来越大。

（二）教育差异

劳动者接受的教育层次不同，其教育回报水平是有差别的。在通常情况下，教育回报率随着教育水平的提高而呈 U 形变化，这主要是因为接受小学教育的劳动者，大部分从事农业劳动，而我国农业生产方式的落后，使得只要接受一点点教育就能给收入带来较大影响（边际报酬递减规律也可作为一个解释）；科技的迅猛发展，使得很多职业提高了对任职者的基本要求，因此，对于接受过高等教育的劳动者的市场需求迅猛增加，因而他们的收入也会有较大提升。另外，对于高等教育而言，由于"羊皮效应"，学历对教育回报率的影响也是比较大的；

而接受中等教育的劳动者，大部分从事体力劳动，因而，增加中学教育对收入的影响是比较小的。

基础教育回报率低于专职业教育回报率。由于我国的基础教育模式是应试教育，所教授的主要是迎合考试的基础知识，如果在完成基础教育之后进入劳动力市场，则其所学到的知识对提高劳动者的生产效率的作用有限，因而对增加其收入的作用也不大。另一方面，由于传统上我国并不重视职业教育，因而在劳动力市场上，高水平甚至合格的技术工人的供给都十分有限。而随着科技的进步，企业对有知识、会动手的新型技术工人的需求大幅增加，"供不应求"的状况下，专职业教育回报率高于基础教育回报率，不足为奇。

（三）工作地域

教育收益率会随着劳动者就业地区的不同而有所差异。我国的劳动力市场中存在着较为显著的分割现象，城乡劳动力市场的分割、区域劳动力市场的分割都成为影响教育回报率的重要因素。总体说来教育回报率的地域差异体现在，城镇教育回报率高于农村，经济发达地区教育回报率高于欠发达地区。这种现象可以从四个方面来解释：第一，生活成本存在地域差异，而生活成本的高低必然会影响劳动者对劳动报酬的要求，较高的房价、交通成本、消费水平，构成了经济发达地区比经济欠发达地区，城镇比农村，更高的生活成本，选择长期就业的劳动者自然会因此索要更高的劳动报酬，用人单位只有满足其收入需求才能招聘到合适的劳动者。第二，生产率存在差异，"大城市工资溢价"现象就是一个很好的佐证——经济发达地区、城镇，相比经济欠发达地区、农村，其产业结构更高级，具体说来，大城市多在高端第三产业占据优势、而经济发达地区的现代制造业发展迅速，生产率的高低决定了劳动收入水平的高低。第三，人力资本积累的差异，在产业集聚，以及由集聚带来的信息的交流、技术的传递和知识的共享，使得经济发达地区和城镇能够提供给劳动者更多的人力资本积累的机会。第四，劳动力流动的差异，劳动力市场容量的大小，决定了劳动者工作搜寻成本和搜寻效率的高低。显然，经济发达地区以及城镇在这方面存在优势，身在其中的劳动者更换工作的频率也因此会更高，流动会更充分，进而由流动带来的工资增长效应会更加显著。

（四）单位性质

完成高等教育之后进入职场的劳动者，他们就职的行业以及供职单位所属的所有制性质，都影响着其教育回报率。

我国的行业工资差距明显，这与我国是一个大体量的经济体不无关系。我国的产业结构，相当复杂，生产效率极低、生产方式最原始的农业与代表着世界先进水平的高科技产业并存。总体看来，与计算机和先进科学技术相关的新兴行业，以及金融行业和国家垄断行业的收入水平和教育回报率都在高位，农业以及包括制造业、采矿业等在内的传统工业的教育回报率相对来说最低。从这一角度，也可以看出"朝阳产业"与"夕阳产业"的差异。另外，知识密集型产业与劳动密集型产业中的教育回报率也存在日渐扩大的差距。

劳动者供职单位的所有制不同，也会带来高低不同的教育回报率。我国的国有企业和非国有企业之间工资差异很大，正是这种差异体现出所有制的差别，而与个人特征无关。其中，外资企业中的教育回报率最高，因为它所在的劳动力市场在体制之外，也是最完善的劳动力市场。国有企业的教育回报率最近也呈逐渐上升的趋势，这归功于国有企业所处劳动力市场市场机制的进一步完善。另外，占据垄断地位的水电气油等国有企业，其教育回报率相当可观，这是由其在产品市场中的垄断地位导致的。

（五）其他因素

除了以上因素对劳动者的教育回报率产生直接影响之外，还有一些因素起到了间接作用。例如，劳动者的居住地和户口性质，劳动者的政治面貌和家庭背景，劳动者的性别、年龄，劳动者的流动和迁移等。一般而言，从户口性质来看，城镇人口更倾向于从事农业以外的其他职业，农村人口以务农或出外打工为主。从政治面貌上来看，中共党员更倾向于全职就业，或者说中共党员多存在于全职非农职业当中。从家庭背景来看，父母的教育程度、职业和家庭的收入水平及社会地位会对劳动者的就业方向产生重大影响。从整体来看，女性的教育回报率高于男性（这可能因为受到身体的限制，女性很难从事繁重的体力劳动，而多从事技术性工作），但相对于同等教育水平的男女而言，通常男性的教育回报率高于女性（这与劳动力市场中的性别歧视以及女性需要承担的繁衍后代的责任有关）；从年龄来看，不同年龄人口的教育水平存在差异，但总体来说处于事业发展顶峰期的中年人的教育回报率是最高的。但是科学技术水平的加速发展，经济转型以及应运而生的产业结构变动，对劳动者所掌握的知识提出更高更新的要求，这促成了年轻人教育回报率的提升。另外，从劳动者的流动和迁徙来看，古话说得好，"人往高处走"，迁徙和流动往往意味着教育回报率的提高。

三、劳动力市场分割对教育回报率的影响

主要和次要劳动力市场之间壁垒的存在，使得劳动者很难在两个劳动力市场之间流动，因而，究竟能进入哪一个劳动力市场对劳动者的教育回报率将起到举足轻重的影响。

（一）货币收入的差距

货币收入的差距是主要和次要劳动力市场之间收入差距的主要体现，其中包括薪酬福利待遇的差距；工作环境的舒适与否（可以被看作货币收入的延伸）；晋升空间的大小（其决定了劳动者的终身收入）。具体说来，主要、次要劳动力市场之间的货币收入差距体现在劳动者的初始收入、收入增幅和福利待遇三个方面。

1. 初始收入差距

首先，主要、次要劳动力市场间的初始收入存在差距。在《麦可思大学生就业调查报告 2016 蓝皮书》中，2015 届本科生毕业半年后就业满意度最高的前十位的行业分别是中国人民银行、保监会和证监会（满意度 80%），各级党政领导机构及人大、政协（满意度 79%），本科学院和大学（满意度 79%），司法、执法部门（公检法）（满意度 76%），发电、输电业（满意度 75%），城市规划建设管理部门（满意度 74%），其他各级党政机关（满意度 74%），法律、知识产权服务业（满意度 73%），软件开发（满意度 72%）。可以看出来绝大部分行业处于主要劳动力市场。而毕业生之所以就业满意度高是因为这些行业给出了可观的工资。2015 届本科生进入中国人民银行、保监会和证监会、软件开发业、航空运输服务业半年后的月收入分别为 5125 元、5331 元、5114 元，占 2015 届

本科生毕业半年后月收入最高的前十位行业的第二、第一和第三位。而其他七个行业（计算机系统设计服务业、通信设备制造业、互联网运营与网络搜索引擎业、证券和商品交易所、储蓄信用中介、其他金融投资业、计算机及外围设备制造业）也与以上三个行业存在紧密联系。

2. 收入增幅差距

其次，主要、次要劳动力市场间的收入增幅存在差距。麦可思对2012届本科生毕业三年后的月收入进行了调查，结果显示，2012届本科生毕业三年后平均月收入最高的十种职业分别是互联网开发及应用（8527元）、计算机与数据处理（8218元）、金融（银行、基金、证券、期货、理财）（7706元）、销售（7312元）、经营管理（7213元）、房地产经营（7169元）、电力、能源（6923元）、建筑工程（6825元）、机动车机械、电子（6742元）、电气、电子（不包括计算机）（6719元）。月收入增长速度最快的十种职业也基本与其保持一致（除了美术、设计、创意以月收入增长3586元替代了电气、电子进入前十位）。可以看出，这些职业多存在于主要劳动力市场之中。另外，据麦可思对2012届本科生毕业三年后在各行业当中月收入的调查，月收入增长前五位的行业分别是金融（银行、保险、证券）业（7617元）、媒体、信息及通信产业（7485元）、各类专业设计与咨询服务业（7353元）、电子、电气、仪器、设备及电脑制造业（7166元）、家具、医疗设备及其他制成品业（7072元）；后十位的分别是政府及公共管理（4927元）、行政、商业和环境保护辅助业（4976元）、教育（5020元）、初级金属制造业（5473元）、农业、林业、渔业和畜牧业（5660元）、机械五金制造业（5840元）、住宿和饮食业（5929元）、纺织皮革及成品加工业（5998元）、化学品、化工、塑胶业（6097元）、邮递、物流及仓储业（6245元）。可以看出收入较高的行业大多采用资本或智力密集型生产方式，这些行业存在于主要劳动力市场。而收入较低的行业则大多数为传统行业，采用的是劳动力密集型生产方式（政府及公共管理以及教育业除外，这两个行业的平均月收入较低与其内部"论资排辈"的晋升方式是密不可分的），多存在于次要劳动力市场。

3. 福利待遇差距

主要、次要劳动力市场之间福利待遇的差距。除了员工到手的收入之外，员工租、住房补贴、住房公积金等，企业为满足劳动者的生活需要，在工资和奖金之外，向员工本人及其家庭提供的货币、实物及其他服务的福利待遇，也是员工收益的重要组成部分。企业提供的福利待遇形式多样，包括依照国家劳动法律法规规定企业必须为员工购买的退休养老保险、医疗保险、失业保险和劳动保健等；也包括企业为员工提供的免费工作餐、交通费、差旅补助、住房补贴等。而这些福利待遇的高低是以员工工资收入为基数进行计算的。换言之，劳动者获得的货币收入越高，通常情况下，他能够享受的福利待遇越好。因而，就业于主要还是次要劳动力市场造成的大学毕业生的收入差距远远不止货币收入的差距。就业于主要劳动力市场，不仅意味着获取的货币收入更高，还意味着更好的福利待遇。

（二）工作稳定性差距

主要劳动力市场和次要劳动力市场还有一项对劳动者而言影响重大的区别，那就是工作稳定性方面也存在着差距。主要劳动力市场中的企业倾向于保持员工队伍的稳定，因为这些企业的规模通常都比较大，其内部组织架构十分清晰，部门之间分工明确，稳定的员工队伍既有利于企业对于特殊人力资本进行投资及其良好运作。对员工而言，这种稳定就业的保障和较低的劳动力流动率，使得员工对自身职业发展前景十分清晰，从而更有意愿对自己进行人力资本投资，以在企业或主要劳动力市场中谋取更好的发展。因此，事实上，不仅仅是刚走出校门的高校毕业生，几乎所有的劳动者都期望进入主要劳动力市场，获得一份稳定的工作和收入，因为一旦进入次要劳动力市场，劳动者们将面对时刻可能发生的失业以及带来的收入损失。

（三）职业生涯差距

对于个人来说，职业生涯包括"提升的职业生涯观""专业的职业生涯观"和"稳定的职业生涯观"三种。从这三个方面去比较劳动者在主要劳动力市场和次要劳动力市场中的职业生涯可以看出：从"提升的职业生涯观"的来看，相对于收入和社会地位的上升速度和提升空间都非常小的次要劳动力市场而言，主要劳动力市场中的工作是"体面"的，除了收入，在社会地位、职业声誉等方面有不小的优势，企业内部也明确了职业的晋升通道，身处其中的劳动者因而能够较容易地确定自己的发展方向，容易获得金钱、地位等方面的稳定和快速的提高；从"专业的职业生涯观"来看，主要劳动力市场中的岗位，往往需要的是更高端、更专业的劳动者，尤其是那些专业化特点突出的职业，如律师、医生等，都对劳动者提出多年专业知识积累和丰富工作经验的要求。次要劳动力市场中的工作要求的专业技能很少，工作内容也相对简单，无需专业方面的提升，即可在次要劳动力市场内部的不同职业间转换；从"稳定的职业生涯观"来看，主要劳动力市场占据了收入、社会地位、职业声望的优势，又对专业知识和技能提出了较高的要求，劳动力供求双方都有降低流动性的意愿，因而劳动者职业生涯的规划往往更为稳定性，在次要劳动力市场内部，由于不需要特定的专业技能，不同职业间转换相对较容易，因而劳动者的流动性较大、工作的稳定性不高。然而，由于劳动力市场之间的壁垒，劳动者若想逃离次要劳动力市场转而在主要劳动力市场谋求职位，几乎是不可能的。事实上，由于工作的不稳定和时常经历的失业，次要劳动力市场的劳动者的职业生涯规划可以说根本无从谈起。

综上所述，主要、次要劳动力市场之间的巨大差异，造成了完成高等教育的劳动者们择业的困境，因为，他们选择了不同的劳动力市场就意味着几乎云泥之别的教育回报率。由此导致了如下局面：一方面，几乎所有的劳动者都对主要劳动力市场中的职位"青眼有加"，拥挤在其中寻求机会，以至于供过于求带来了用人单位"水涨船高"的招聘条件；另一方面是对次要劳动力市场提供的岗位"不屑一顾"。

综上所述，劳动力市场分割的存在，放大了不同家庭背景劳动者之间的收入差距。一方面，不同收入水平的家庭对高等教育的支付能力有差距，低收入家庭对教育成本的负担更为困难；另一方面，对于不同家庭背景的劳动者而言，即使他们接受了近似水平的高等教育，仍可能因为就业于不同的（主要和次要）劳动力市场而工资收入差距巨大。这两方面的影响可以视作"结果的不公平"。本书认为，预见到"结果不公平"的理性的决策者，将造成"起点的不公平"——无法获取主要劳动力市场工作的家庭往往选择不接受高等教育。

第三节 劳动力市场分割视角下的家庭高等教育决策能力的提高策略

为了促进社会公平和市场的良性发展，减少劳动力市场分割所带来的对低收入家庭福利和劳动力市场配置效率的损害，打通阶层流动的通道，可以从以下三面着手。

一、减少政策性、制度性劳动力市场分割，降低劳动力流动成本

我国的劳动力市场分割大部分由制度造成的，国有、非国有企业的划分很大程度上能够解释壁垒的存在。这种由政府行政力量所直接导致的分割，不能正确反映供需关系，对劳动力资源的配置效率不高。要想削弱劳动力市场分割对效率和公平的影响，必须最大程度地打破行业垄断，弱化垄断行业中的就业优惠政策，建成统一的竞争性劳动力市场。实现这一目标，"道阻且长"，需要从多方面加以推进：（1）民营企业承载着容纳劳动力的重大责任，国家应适当顾及民营等非公有制经济的利益，在制定金融、税收、乃至行业发展政策时要充分考虑对其的影响；（2）对于处在主要劳动力市场的垄断行业，应进行甄别，对不必要的行政垄断要逐步取消，从制度上消除主要、次要劳动力市场之间劳动者就业机会和身份的差别，保留那些必不可少的垄断行业，但要对其用工制度、工资决定和收入结构进行一定的调整；（3）平衡主、次要劳动力市场的社会保障水平，降低劳动力在市场之间流动的成本，为统一劳动力市场的建立创造条件。破除阻碍劳动力自由流动的障碍，为其自由流动创造公平的环境：这不仅是适应经济全球化、调整与升级我国产业结构的需要，更是提高市场资源配置效率的要求和实现社会公平的不可缺失的必由之路，还是建设社会主义和谐社会的题中应有之意。

二、加大对于低收入家庭的保障力度，确保教育公平

显然，如果没有任何外来资助，低收入家庭放弃接受高等教育去参加工作是合理的。因而，政府应该也必须起到推动低收入群体进行教育投资的作用。不同

的国家在教育财政体制上存在差异，各国财政承担的高等教育费用的比例差距甚大，有资料显示，大多数发达国家公共负担比例都高于50%。2006年的调查中显示，经合组织国家高等教育经费分担的平均水平为国家承担84.7%，私人承担15.3%。在比利时和瑞典，国家所承担的比例甚至分别高达94.4%和97.3%。日本、韩国高等教育经费国家负担的比例相对较低，也在60%左右。在进入高等教育大众化阶段的大多数国家中，家庭对高等教育费用的负担比例较低。反观我国，近年来家庭负担的比例均高于国家。高昂的教育成本对低收入家庭来说，不啻一种沉重的负担。《2005年社会蓝皮书》（由中国社科院发布）显示，家庭教育消费占据家庭消费的首位，据调查，有25.5%的学生因为家庭没有支付能力而放弃接受高等教育。只有当政府提供给这些群体以足够的支持，他们的理性选择才有可能向接受高等教育这一有利于社会整体发展的方向转变。重中之重是要加大对高等教育的投资力度，提高国家负担率，这比助学贷款更能有效解决低收入家庭子女上不起学的问题。另外，还可以通过降低高等教育的学费，集合社会多方面资金助学（例如为低收入家庭的优秀学生捐资、或设立奖学金等）等措施帮助低收入家庭的子女接受更高水平的教育。

教育公平的另一个含义是：不能把普通高等教育收费转变为精英教育的融资手段。培养出各行各业出类拔萃的精英人才，如学术大师、知名专家学者、学科带头人、社会政要、企业家等，固然有着重要的社会意义。然而，这种"英才教育意识"直接导致了我国高等教育发展观念受到制约，大部分高校在办学目标，以及投入选择上是雷同的：不管有无实力，都力争上游，要在高层次学术上或高新科技上有所作为，因而经费投入在精英教育方面有巨大的倾斜（例如，在人才引进、课题资助、成果奖励等方面不惜重金）。从国家层面来看也是如此，大笔的教育经费、拨款都被投入到有限的几所名校之中。事实上，在如今大众化高等教育的时代，对于"人才"的界定是多元化的，因而把学生个个都培养成"精品"的愿望是不现实的，一个国家的人力资源的质量也不是体现在有多少精英之上。原因很简单，精英教育的成果，只限于一小部分人享用，大众的普遍的教育才会惠及更多的人群。政府应该在追求培养"精英人才"从而实现科教兴国，向精英教育略有倾斜的同时，清晰界定精英教育与大众教育，帮助各高校设置量力而行的、接地气的发展目标，不让低收入家庭筹措不易的学费在盲目的投入中打了水漂。

另外，高职教育在我国的发展也值得反思。在高等教育严重压力下，作为"泻洪口"的高职教育发育严重不良。高职教育因其计划宽松、录取分数线低、生源众多而成为某些高校新的"经济增长点"。作为高职教育的"产品"，其毕业生得不到市场的认同——即使校方采取了"订单式"培养，老旧的教学生产线上培养出来的"产品"也往往缺乏市场竞争力。作为投资方的家庭连投资尚且不能收回，更遑论收益。高职教育的兴起更像是一种泡沫性膨胀，它对社会产生了双重的经济伤害：一方面，学生的个人收益大打折扣，这无疑加剧低收入家庭的经济压力，延长了其贫困期；另一方面，高职教育的"产品"使用价值低，尽管拿着一纸文凭进入劳动力市场，但越来越多的"毕业即失业"的学生仅能依靠临时性打工维持生计，成为城市新的贫困阶层。

三、健全法制，减少社会资本对就业的影响

在求职过程中，社会资本的使用，虽然能够帮助求职者获取主要劳动力市场的工作，带来更高的收入。但从社会整体来看，它体现的是人情交换和私人运作，容易造成劳动力资源的错配与不恰当的收入差距，有违市场机制的公平原则。我国历来是人情社会，只有更加健全的法律和制度，才能减少社会资本的影响，使教育、就业机会更加平等，避免其带来的扭曲效应。另外，教育除了能够增加劳动者的人力资本，进而能够促进经济增长之外，还兼具高层次的社会功能——促进社会的公平和稳定。而这一作用正是通过低收入家庭的子女接受高等教育，实现社会地位的提升得以体现的。要实现公平的目标，政府应对权利的使用、社会资本的使用加以限制，减少权利所有者的寻租行为，缩小高收入家庭所掌握的社会资本的作用空间，建立公平的就业平台，惟其如此，来自社会经济地位底层、低层家庭的劳动者方能通过自己的努力，把握机会，进入职业金字塔顶层，实现家庭社会地位的提升。只有保证了社会各阶层的流动性，尤其是社会底层向上的流动性，整个社会的职业系统才得以保持动态的平衡，从而保证国家的长治久安。

四、完善次要劳动力市场的社会保障，减小主要、次要劳动力市场的利益差距

一方面，在我国，体制内的很多福利（比如低廉的房价），只有在主要劳动力市场才能享受，而且好工作岗位则相对较少，其数量相对而言是有限的，这是很多劳动者宁可冒着失业的风险也不选择次要劳动力市场的重要原因之一。另一方面，作为发展中国家，创造出来新的就业岗位这一重任很大程度上是由中小企业、民营企业来承担的，而人们普遍认为中小企业、民营企业是处在次要劳动力市场的需求方。从整个社会层面来看，单纯地要求高人力资本所有者发扬奉献精神，放低姿态，接受次要劳动力市场中的工作是不够的；相反，缩小主要、次要劳动力市场差距，消除劳动力市场的分割才是更为关键的。一旦"好工作"与"差工作"在工资福利、社会保障等方面不存在如此显著的差异，低收入家庭就不会因为担心"入不敷出"而放弃子女接受高等教育的机会，高收入家庭也不会为了获得好工作而不断利用社会资本。所以，要想打破分割，必须完善社会保障制度，建立覆盖整个劳动力市场的统一的社会保障标准，削弱社会保障水平与单位性质的联系；必须改善次要劳动力市场的工作环境，规范其运作流程，保障其工作安全。惟其如此，才能提高次要劳动力市场的待遇，减少主次要市场间流动的成本、不同体制间流动的成本，从而逐渐消弭两个市场间的差距。

五、提高家庭决策者的高等教育决策能力，使决策目标更明确，过程更科学，决策更合理

除了劳动力市场分割会影响劳动者的工作选择之外，作为家庭高等教育决策者的家长对子女的就业也可能起到负面作用。高等教育投资周期长，并且具有不可逆和不可间断性，以及较高的正的外部效应，一旦投资失败不仅对家庭而言是一笔很大的经济损失，对子女而言更是不可挽回的"沉没成本"。家庭高等教育投资决策者有可能因为情感因素、或由自身素质带来的认知差异导致投资决策非理性（如专业选择的错误等）。为了减少非理性投资及其带来的劳动者难以在主要劳动力市场就业现象的发生，教育主管部门、统计部门以及相关国家机构必须加强信息化建设，为家庭教育投资者提供充分、准确、有用的信息（例如，不同专业的社会需求以及就业率、高等教育费用相关信息、职业发展预测等），减少由心理偏差导致的决策行为偏差，为其实现理性决策构建信息相对充分的决策环境。还可以建立专门的教育投资辅导机构和职业生涯咨询机构，为家庭高等教育决策提供专业帮助，以做出最符合投资对象个性特点的教育投资方向，提高家庭高等教育的投资效率。另外，家庭高等教育投资的决策者（家长）也应通过加强信息搜集、不断学习来提高自身决策水平，降低盲目投资、不合理投资决策的可能性。

参考文献

[1] 岳武，靳英丽. 中国高等教育资源配置改革问题及对策研究 [M]. 长春：东北师范大学出版社，2015.

[2] 罗泽意. 资源分配公平视角下的教育管理 [M]. 湘潭：湘潭大学出版社，2014.

[3] 刘华. 中国高等学校经费投入效率评价及对策研究 [M]. 北京：中国社会科学出版社，2015.

[4] 郭雅娴. 中国教育资源配置效率研究 [M]. 北京：人民出版社，2012.

[5] 孟明义. 高等教育经济学 [M]. 北京：高等教育出版社，2000.

[6] 王绍光. 政府与市场 [M]. 北京：中国计划出版社，2007.

[7] 王录仓，武荣伟，刘华军. 中国高等教育对经济增长的空间溢出效应研究 [J]. 黑龙江高较研究，2015（12）：47-51.

[8] 劳昕，薛澜. 我国高等教育资源的空间分布及其对地区经济增长的影响 [J]. 高等教育研究，2016（6）：26-33.

[9] 李元静，张谦. 基于空间 SLM 模型的高等教育配置效率的实证 [J]. 统计与决策，2014（21）：89-92.

[10] 刘建民，毛军，吴金光. 地方高等院校办学效率空间分布及财税支持 [J]. 大学教育科技，2015（1）：103-109.

[11] 亓寿伟，俞杰，陈雅文. 中国基础教育支出效率及制度因素的影响：基于局部前沿效率方法的分析 [J]. 财政研究，2016（6）：103-112.

[12] 周亚虹，宗庆庆，陈曦明. 财政分权体制下地市级政府教育支出的标尺竞争 [J]. 经济研究，2013（2）：127-139.

[13] 韩健,程宇丹.地方政府债务规模对经济增长的阈值效应及其区域差异 [J].中国软科学，2018（9）：104-112.

[14] 赵海利.中外公共教育资源分配公平性比较研究 [J].教育研究，2013（8）：133-141.

[15] 韩健，程宇丹.地方政府债务影响经济增长路径的区域异质性分析 [J].统计研究，2019（3）：32-41.

[16] 贺达，顾江.地方政府文化财政支出竞争与空间溢出效应 [J].财经论丛，2018（6）：12-23.

[17] 余靖雯，政府教育投入、非政府教育投入和经济增长，浙江社会科学，2012（6）：4-13.

[18] 张金艳，梅琳，我国教育投入对经济增长的影响：基于 30 个省（市）的面板数据，九江学院学报（社会科学版），2012，164（1）：112-115.

[19] 杨娟，教育经济学的最新研究进展：兼评《教育与培训经济学》，教育与经济，2013（3）：33-38.

[20] 宋华明，工荣.高等教育对经济增长率的贡献测算及相关分析 [J].高等工程教育研究，2005（1）：55-58.